禅的般若心経

心経に禅機をさぐる

Hiratsuka Keidoh

平塚景堂

春秋社

はじめに

般若心経？　それがどうかしましたか。

日曜坐禅会の幹事さんが、有名な般若心経を講じてくれとおっしゃる。

いや、禅宗では教外別伝《きょうげべつでん》といって、仏典は講じませんと断ると、白隠禅師に『毒語心経』があり、道元禅師に『正法眼蔵』「般若波羅蜜」の巻があるといいます。

さすが参禅一〇余年の古参幹事さん、一枚上手《うわて》でした。

よって、相国寺の居士禅会「維摩会《ゆいまかい》」において、『毒語心経』をテキストにして、道元やら盤珪禅師やら、いろいろ禅語録を取り混ぜて、講話の運びとなりました。

それを機縁として関連本を調べましたが、その多種多様に驚きあきれ、それでは自分なりの筋道を立てねばと、たくさんメモが残りまして、そのメモを下敷きに、このような書物が生まれた次第です。

講話では言い足りない部分もあり、また私なりの経験も踏まえての内容となりました。
また、各章末尾には「寄り道コラム」も設けてあります。
題して「禅的般若心経——心経に禅機をさぐる」。
ご一読いただければ幸いです。

著者しるす

禅的般若心経——心経に禅機をさぐる

目次

摩訶《まか》　般若波羅蜜多心経《はんにゃはらみったしんぎょう》

観自在菩薩《かんじざいぼさつ》　行深般若波羅蜜多時《ぎょうじんはんにゃはらみったじ》　照見五蘊皆空《しょうけんごうんかいくう》　度一切苦厄《どいっさいくやく》　舎利子《しゃりし》　色不異空《しきふいくう》　空《くう》
不異色《ふいしき》　色即是空《しきそくぜくう》　空即是色《くうそくぜしき》　受想行識《じゅそうぎょうしき》　亦復如是《やくぶにょぜ》　舎利子《しゃりし》　是諸法空相《ぜしょほうくうそう》　不生不滅《ふしょうふめつ》
不垢不浄《ふくふじょう》　不増不減《ふぞうふげん》　是故空中《ぜこくうちゅう》　無色《むしき》　無受想行識《むじゅそうぎょうしき》　無眼耳鼻舌身意《むげんにびぜっしんに》　無色声香味触法《むしきしょうこうみそくほう》
無眼界《むげんかい》　乃至《ないし》　無意識界《むいしきかい》　無無明《むむみょう》　亦無無明尽《やくむむみょうじん》　乃至《ないし》　無老死《むろうし》　亦無老死尽《やくむろうしじん》　無苦集滅道《むくしゅうめつどう》
無智《むち》　亦無得《やくむとく》　以無所得故《いむしょとくこ》　菩提薩埵《ぼだいさった》　依般若波羅蜜多故《えはんにゃはらみったこ》　心無罣礙《しんむけいげ》　無罣礙故《むけいげこ》　無有恐《むうく》
怖《ふ》　遠離一切顛倒夢想《おんりいっさいてんどうむそう》　究竟涅槃《くぎょうねはん》　三世諸仏《さんぜしょぶつ》　依般若波羅蜜多故《えはんにゃはらみったこ》　得阿耨多羅三藐三菩提《とくあのくたらさんみゃくさんぼだい》
故知般若波羅蜜多《こちはんにゃはらみった》　是大神呪《ぜだいじんしゅ》　是大明呪《ぜだいみょうしゅ》　是無上呪《ぜむじょうしゅ》　是無等等呪《ぜむとうどうしゅ》　能除一切苦《のうじょいっさいく》　真実《しんじつ》
不虚《ふこ》　故説般若波羅蜜多呪《こせつはんにゃはらみったしゅ》　即説呪曰《そくせつしゅわつ》
羯諦《ぎゃてい》　羯諦《ぎゃてい》　波羅羯諦《はらぎゃてい》　波羅僧羯諦《はらそうぎゃてい》　菩提薩婆訶《ぼじそわか》　般若心経《はんにゃしんぎょう》

摩訶般若波羅蜜多心経

観自在菩薩が深遠な般若波羅蜜多を行じる時、五蘊はみな空であると照見して、一切の苦厄をのぞいた。舎利子よ、色は空に異ならず、空は色に異ならない。色は即ちこれ空であり、空は即ちこれ色である。受想行識もまたそのようである。舎利子よ、この諸法は空相であるから、生じることも滅することもなく、垢でもなく浄でもなく、増しもしないし減じもしない。このように空においては、色も無く、受想行識も無い。眼耳鼻舌身意も無く、色声香味触法も無い。眼界も無く、また意識界も無い。無明も無く、無明が尽きることも無い。老死も無く、老死が尽きることも無い。苦集滅道も無く、智も得も無い。無所得だから菩提薩埵は、般若波羅蜜多に依ることによって、心に罣礙無く、罣礙が無いのだから、恐怖も有りはしない。一切の顛倒夢想から離れ、涅槃の境地に至る。三世の諸仏は、般若波羅蜜多に依るのだから、阿耨多羅三藐三菩提を得るのだ。だから知るべきだ。般若波羅蜜多は、これ大神呪であり大明呪であり大無上呪であり大無等等呪であることを。一切の苦を除き、真実にして虚偽でないから、般若波羅蜜多呪を説こう。即ち呪を説いて言う、

羯諦、羯諦、波羅羯諦、波羅僧羯諦、菩提僧娑訶　般若心経

禅的般若心経——心経に禅機をさぐる

第一章　読みやすくても、手強《てごわ》い般若心経

「摩訶　般若波羅蜜多心経」

一　「摩訶《まか》」――小が大を兼ねる世界

私たちの住む世界では、大小・長短・上下の「差別」と、男女・表裏といった「区別」によって成り立っています。このように相手があって初めて成り立つ世界を相対的といいます。一方、その逆に相手がなくとも無条件で独り立ちできる世界を絶対的といいます。

実はこの絶対というのがなかなか見つけにくいのです。赤、青といった色彩が相対なら、無色が絶対だろうと思いがちですが、無色とは色彩という相手がある相対世界なのです。

つまり無いという状態は、在るという状態と必ずセットです。

いずれにしても私たちは、こうしたややこしい相対世界にしか生きられませんから、大は小を兼ね、長は短を巻き込み、上が下を支配するのは日常のことです。

ところが、その当たり前な相対世界を、住み慣れた世界を、いったん捨てろ、そこから思い切って飛び出してみろというひとがいるわけです。大が小を兼ねるのではなく、小が大を兼ねる、あるいは大小入り混じって何の不足も故障も起きない、そんな世界があるんだというひとがいるわけです。

その言い出しっぺがインドの釈迦であり、それを二千年にわたって言い続けて来たのが大乗仏教徒であり、中国の祖師がた、日本の宗門開祖たちなのです。

その相対世界をぶち破って躍り出た世界を、仮にここで「摩訶世界」と呼びましょう。

「摩訶」とは、梵語のマハーの音写で、大きいという意味です。単に大小の比較なら大乗仏教（マハーヤーナ、大きな乗り物、摩訶衍《まかえん》）と小乗仏教（ヒーナヤーナ）などと用いますが、わずか二百六十二文字ばかりのちっぽけな般若心経に、原典にはない摩訶（大）と付けたのですから、それなりの思い入れがあろうかと察します。

つまりここでの摩訶は、相対世界の大小ではなくて、そこを飛び出した世界、思慮分別の届かない世界の言葉と考えるわけです。

摩訶を付けたひとは、形《なり》が小さくてすぐ読み切れる経典だが、その内容は手強《てごわ》いぞ、と忠告しているか、あるいは讃嘆しているのでしょう。

結論を先に言うと、般若心経はまさに思慮分別の届かない、思議が不可能な不可思議世界、摩訶不思議世界から、私たちの住み慣れた日常相対世界へ投げ込まれた直球、剛速球なのです。

こうした人知の及ばない状態を神秘的と言いますが、ここではその真逆です。神秘的とは、実体が隠されていて正体不明の不可知状態を言います。しかし般若心経の摩訶世界は、堂々と私たちの前に披歴された素っ裸の真理なのです。包み隠さず正体を見せているのに、私たちにはそれを思慮分別でさばけないのです。人知が及ばないのです。

なぜ人知が及ばないのか？

人知の方が有限だからです。有限だからこそ大小・長短が比較できるし、その基準を抜きには生活できません。まさに人間の知恵は有限で、分からないことだらけなのです。二一世紀ともなれば、釈尊（釈迦尊者の略）のころよりはるかに学問も進んで、膨大な情報が誰にでも提供されていますが、肝心なことは未だサッパリ分からないのです。分からないという大海に溺れかかっています。

生命とは何か。その生命を受けた自分とは何か。死後、その生命を返還したあと、自分はどうなるのか。そのわずかな人生において何を失い、何を得たのか分からない。分からないという無明《むみょう》の闇です。

それなのに何となく、機能不全のままの自分の世界を受け入れています。

そこを般若心経は、バッサリ単純明快に切断し、真に創造的生命を再生するのです。摩訶とは一切合切《いっさいがっさい》ですから、自分もその一切合切の一部分でしかないんだろう、と漠然と思っているわけです。一切合切のなかから生れ出たんだろうと思い、また一切合切に支えられて生き、やがて不可思議な一切合切に戻っていくのだろう思っているわけです。

自分ばかりではない。今いるこの世界も、このやたらゴタゴタした現実世界も、すべては人知の及ばない無限世界から始まり、いつか必ず無限世界へと消滅していくんだろうと。ですからこの問題は、元来ほうっておくしかないのです。いくら考えても分からないのだから。

言い換えれば、限界を背負った人知や思慮分別で、摩訶世界を知ろうとするのは「無意味」だから、この人生を分かっている分だけのことで済まそう、決済してしまおうと思うわけです。

もちろん、それで何の問題もありません。

ただ私見を述べれば、それは人生の放棄です。何も分からないという深さの放棄です。日常生活を送るだけの人生なら、仕事と家庭の小さな幸福さえあれば事足ります。

でもそれは、動物園の動物が、本来の野生生活、たとえば広大なアフリカの野生生活を知らずに、飼育員から与えられた餌《えさ》だけで生涯を終わるということです。それは受け身とはいえ生命を保証された生活ですが、生死ギリギリの場で彷徨《さまよ》う、という野生の輝きは望むべくもありません。私たちも同じです。生き切るという切実な実感を失います。

私たちが経験的に分かっている世界は微々たるものです。その中だけで自分を限定して生きることは、実はかえってとても危険なことなのです。なぜならそれは、自己中心という安楽な身びいき、エゴの巣窟《そうくつ》に落ち込むからです。

エゴとは自分勝手という意味ではありません。自分だけを見たいという誘惑であり、自分に無関係な他者を生理的に排除する本能のことです。社会人としては他者を受け入れますが、心の根っこでは生理的に排除します。そこへわざわざ、自分世界の意味付けをします。意味不明の世界は絶対に受け入れません。他者との同化を嫌い、アイデンティティとか、個性化といったある種の自己愛を持つようになります。

ですから見かけ上、エゴは相対的日常の範囲以内の機能ですが、実体はより根本的な人間存在の問題であり、そのぶん摩訶世界によって浮き彫りにされる宿命を持っています。

エゴの良し悪しではなく、エゴ（自我）の正体の見極めの問題なのです。

その見極めから仏教が始まります。まずは自我の完全放棄から、世界の意味付けや格付けからの解放、無意味という広大な無限定さの本来的自覚から始まるのです。自覚は、自我から自己への大転換であり、それは摩訶世界に起きる厳粛な出来事です。

釈尊の説かれた仏法の本質は、限定的自我《エゴ》から無限定の無我、本来の自己への解放にほかなりません。その自由度を「救い」というのです。

まさに簡単には手に入らない、膨大な不可得世界の重みに気づいたとき、釈尊の仏法があなた自身の問題として目《ま》の当たりになるのです。

その端的な手引き書が般若心経なのです。

摩訶世界なら言葉で捉えようとしても無駄だ、という絶望から真の言葉への究明が始まります。そのとき利便性の日常語はいったん廃棄され、意味を持たない再生語（真言）が、摩訶世界の方から放出され、それを失語症に陥《おちい》った窮地のなかで受肉するのです。ちなみにその端的なシステムが禅問答です。

それではまず、摩訶世界からの再生語（霊性語）が発せられる瞬間を、禅問答で見てみましょう。

薬山が坐禅していると、僧が問うた、「血の通わぬ岩ように、黙々と坐して什麽《なに》を思量しているのですか」。

薬山、「不思量のところを思量している」。

僧、「思量できないところを、どう思量するのですか」。

薬山、「非思量」。

（『景徳伝灯録』「薬山惟儼《やくさんいげん》」）


坐禅とは、高邁《こうまい》な精神性によって、深くわが内面に分け入り瞑想するものと、考えているひとも多い。この僧も、釈迦仏法の何たるかを、禅の奥義《おうぎ》の何たるか追求せんがために坐禅するのだ、と考えています。

薬山は、「おまえさんの思慮分別が届かぬところで思慮しとるよ」と、この僧に大疑問を抱《いだ》かせるよう仕向けます。案の定、「考えられないことを考えるなんて、出来ますか」と、まだ思慮分別の相対世界から物言いしています。そこで薬山はズバリ「非思量！」と、僧の思量を切って捨てました。

では「非思量」と「不思量底を思量す」とはどう違うのでしょう。むろん考えてはいけません。参考までに、次の文殊と世尊（世に尊き人、釈尊）との問答を挙げます。

文殊菩薩が訊ねた、「世尊よ、無為とはどんな境涯ですか」。
世尊、「文殊よ、無為とは非思量の境涯のことだ」。

（『不思議仏境涯（界）経』）

高邁とか、精神性とか、釈迦の仏法、禅の奥義、みな相対世界の思慮分別です。そこでこの僧の思慮分別を捨てさせるために、「不思量底」を持ち出しました。案の定、今度はその不思量を相対世界に取りこんで執着心を起こしました。薬山は「ただ、ただ非思量だ」と脱落して見せたのです。これが摩訶世界から発せられた霊性語です。

日本人は古代から「言霊《ことだま》」という言語感覚を持っています。仏性や悟りといった世界が言葉に変換されるとき、言霊そのものではないかもしれませんが、言葉の霊性という機能が働くような気がします。

言葉が日常言語から、人間存在のなにがしかの決定的表象となるのです。霊性を持たない宗教、芸術は、流行という一度限りの果実を得て、終わり忘れられます。

般若心経の全文は、仏教の論理性を全否定して、霊性文字として再生させる場と言えるでしょう。

今から二千五百年前（日本は縄文時代）、釈尊は、摩訶世界に気づいたのです。それは言葉を超越した世界でしたから、この無意味世界を言葉によって伝えることを逡巡《しゅんじゅん》しました。しかし釈尊は、人間が言葉によって実存する生き物であることをも承知していましたから、悟りの地、ブッダガヤーから身を起こし、かつて釈尊と修行を共にした五人の行者（五比丘）がいるサールナート・鹿野苑《ろくやおん》まで、二百キロの旅をして、悟りの世界を説法しました。

その劇的な歴史的事件を「初転法輪《しょてんぼうりん》」といいます。

悟りを開いた仏陀（真理に目覚めた人）が、霊性語によって思念し、そこから他者に向かって初めて日常語を発した瞬間でした。

言い換えると、摩訶世界が、私たちの日常現実世界とまったく同じものとして、そのまま突如、提示されたのです。釈尊を目の前にして、その真理を知らされた弟子たちのなんという幸福な驚きでしょう。

しかし、釈尊の生涯とは、釈尊の見た不可思議世界、摩訶世界を伝えることの困難、苦闘の連続でもあります。

幸運にも釈尊を目の前にしても、仏弟子たちはそう簡単には地上的束縛から離れられなかったのです。釈尊なき現代ならなおさら、私たちは釈尊の摩訶世界から遠ざかり、グローバル情報網という仮想世界に埋没しています。

ですからスマホやパソコンを棄てて、無情報世界の真実のパワーを認知することは、現代ではほとんど絶望的です。

絶望ではありますが、さいわいまだこの世には仏教、とりわけ般若心経という、とんでもない超普遍的真理の遺産があるわけです。その遺産を手に入れる経費は文庫本数百円、ランチ一食分にすぎません。

釈尊ばかりではありません。釈尊滅後の代々の祖師がたも、手を変え品を変えて、なんとかして摩訶世界、不可得世界に、全ての人たちが衝撃的ドキュメントとして覚醒してほしいと、筆舌に尽くしがたい苦労をしてきたわけです。

釈尊も祖師がたも、摩訶世界をわたしたちに隔てなく体得させようとした決意。インド大陸を苦しい遊行《ゆぎょう》に明け暮れた釈尊の全人類的な、広大な慈悲心と、それをチベット、中国、韓半島、日本へと伝法した祖師がたの言い尽くせぬエネルギーに参じましょう。

釈尊が私たちに衝撃的覚醒をうながした手法が、思慮分別に生きる人生観の徹底的な否定です。それを「苦」と表現しました。

精神や肉体の苦は個人差があってそれぞれでしょう。それでは普遍的な苦とはなんでしょうか。

私たちは個人という「一個」にすがって生活しています。いや家庭がある、と言ってもそれは家庭という個であり、わが校という個であり、わが社という個にすぎません。個がなければ私たちは生きていけないというこの現実、この宿命的な執着心こそが苦です。

人間は、なにもかも自分との関連でしか思考出来ません。ですから知的情的習性は、死によって個を失うという恐れ、不断の苦に支配されています。

一輪の花も個であり有限世界の現象です。でも、花は個ですが、花自身に苦はありません。花は種《しゅ》の保存という本能に従って咲き、また散りゆくだけで、人間のように肥大化した自己保存というエゴの苦がないからです。ただ咲いているだけです。

よくみれば　なずな花咲く　垣根かな

芭蕉は、なんでもない路傍の花の無心な営みに感動したのです。個の苦に毒されていないから、花はこの胸を打つのです。自意識を持った人間存在そのものの苦を、芭蕉が身に染みて知っているからです。

では、わたしたちの苦に救いはないのでしょうか？

般若心経というポピュラー・ミニ聖典の、徹底した言葉選び、否定語のせっかちな畳みかけこそ、わたしたち個にとって、無限摩訶世界と交信できる極めて狭く、極めて細く、極めて確率の低いチャンスを与えてくれる、ひとつのツールです。だから聖典というのです。

でも実は、般若心経が、「聖典であってはならない」というのが本書のテーマです。釈尊の思想が一部のひとの哲学的命題であったり、線香のくすぶる寺院売店の売れ筋商品だけであってはなりません。

そこで般若心経をどう扱うのか？　ということになります。

私たちの、なんでもない日常生活は幸不幸にかかわらず、突然消滅します。なんの前触れもなしに、突如終わるのです。それが生命を受けた私たちの無言の契約です。でしたら、未知なる死後の世界に怯《おび》えるよりも、同じ未知なる世界、生命の真っ只中、生活の真正面において、自心のうちに未知の摩訶世界があることを発見し、限りある生存の尊厳を発見しようではありませんか。

さて、「摩訶」は日常語に転換できないと言いましたが、釈尊のなしたように、人間は言葉なしでは存在できないという現実を踏まえ、堂々と言葉によって摩訶世界を言い切った文章を紹介しましょう。日本臨済宗開祖、建仁寺開山栄西禅師の言葉です。

大いなるかな心《しん》や、天の高きは極む可《べ》からず、しかも心は天の上に出《い》づ。
地の厚きは測る可《べ》からず、しかも心は地の下に出づ。
日月の光はこゆ可からず、しかも心は日月光明の表に出づ。
大千沙界《だいせんしゃかい》は窮《きわ》む可からず、しかも心は大千沙界の外に出づ。
それ太虚《たいこ》か。それ元気か。心は則《すなわ》ち太虚を包んで、元気を孕《はら》むものなり。

（『興禅護国論』序）

摩訶は極大《マクロ》であり、実は同時に極小《ミクロ》でもあります。計測不能ゆえに互換性があるのです。ですが、栄西は摩訶の極大面から「心」を、ここでは仏性を表現しています。むろん、気宇壮大の観を示す方便として。
「太虚」は無限大で形なく、宇宙の根源です。「元気」は物質現象の根源的エネルギーです。「心」は太虚という無限大を包み、元気という生命の根源を孕んでいます。

それでは最後に、日常相対世界から摩訶世界へぶっ飛んだ瞬間を、また薬山の行状で見てみましょう。

薬山はある夜、坐禅に疲れて山頂をそぞろ歩いていると、たまたま雲間から月がのぞいた。薬山はそれを見るや呵呵大笑《かかたいしょう》した。
その声は九十里先の澧陽《れいよう》にまで響き渡った。翌朝、澧陽のひとたちは、その声のした東の方角を訪ね歩き、薬山の寺に到った。すると弟子たちが云った、「昨夜和尚が山頂で月を見て大笑《おおわら》いしたのだ」。

（『景徳伝灯録』「薬山大笑」）

村人たちの唖然とした顔が目に見えるようです。また弟子たちの平然とした対応も堂に入っていて可笑《おか》しいではありませんか。
この大笑はまさに全身全霊が月そのものであって、ジェット機が音速の壁を突き破るように、ドンと相対世界を蹴破り、摩訶世界に躍り出た瞬間でした。なんとその大笑が九十里向こうまで響いたとは痛快です。
ちなみに、この手の話はホラ話では決してありません。むしろ禅者の繰り返される悟りとは、このように日常普通に発生します。なにせ全身脱去《ぜんしんだっこ》の非思量底にあって、涼しい顔をして生きているひとたちですから。

二　「般若」――般若智がなければ空《くう》がつかめない

般若はパンニャーで、パーリ語です。サンスクリット語ではプラジュニャーです。パンニャーは音写しやすくプラジュニャーは音写困難という単純な理由で、般若なる当て字が用いられたのかもしれませんが、正解はとりあえずおいておきましょう。

般若は悟りの智慧です。仏智ともいいます。

摩訶世界が無限の容器なら、般若はその中身の無限エネルギーです。栄西に従えば摩訶世界が太虚、般若が元気です。そしてそのエネルギーの自由自在なハタラキを強調するのが般若智です。

摩訶《マハー》も般若《パンニャー》も当時、仏典の漢訳において中国語に該当する語がなかったのでしょうが、翻訳者が不勉強だったわけではなくて、あえて中国語に置き換えなかったのです。

三蔵法師・玄奘は、仏典を漢訳するさいに翻訳せず音写に留める「五種不翻」という約束事を設けたといわれております。それは、「玄奘以前の翻訳僧が、慣例として音写に留めていた梵語」、「甚深微妙で、言うに言われない秘密語、呪文。真言《マントラ》や陀羅尼《ダラニ》」、「多義を含む語」、「当てはまる中国語がない語」、「宗教的意味が深い語」などです。

この問題は非常に大きな壁でした。般若などというわけのわからぬ抽象語は、中国人になじみません。中国人は現実派で、大地性に根差した現実的な精神風土を持っていました。そこへ西域を通って紀元前後に仏教が伝来し、しだいに大乗経典が翻訳されるようになりましたが、いわゆる釈尊の悟りを徹底して説く般若部経典よりも、法華経や浄土三部経や大日経が広く受け入れられ、信仰の対象となったのです。般若部経典はむしろ内向きな仏教哲学の対象になったのです。

般若そのものは、神仏を崇める信仰心でもなく、救済の慈悲心でもありません。自覚の宗教として出発した釈尊の宗教的生命こそが般若です。つまり仏教とは悟りが大前提であって、日常相対世界では通じない霊性言語によって語られるべきものです。しかし誰にも通じない般若語など、実は死語なのです。あるいは、日常相対世界に関わりのない般若など、単なる概念のオバケです。私たちの生活や人生に無縁な宗教というものは、むしろ害でしかありません。ですから般若は霊性のことだと言っても、必ず私たちに直結しています。そのことに気づくのを悟りというわけです。

霊性《れいしょう》については、鈴木大拙『日本的霊性』に「霊性を宗教意識と云ってよい。（中略）

霊性と云っても特別なはたらきをする力が何かあるわけではないが、それは普通に精神と云って居るはたらきとは違うものである。（中略）精神は分別意識を基礎としているが、霊性は無分別智である」と定義されています。

唐代の禅僧、圭峰宗密《けいほうしゅうみつ》の語に次のようにあります。

一切衆生はみな霊性が具《そな》わっていて、その霊妙空寂なること仏と何ら変わらない。ただ無限の過去よりこのかた、未だ以ってそのことを悟らず、妄想に身を執着し、姿ばかりにこだわり、愛憎の情を生じ、情に従って悪業《あくごう》を作り、その報いを受け、生老病死して永遠に輪廻《りんね》するのみ。

と手厳しく指弾しますが、「それでも身中の霊性は未だかつて生死《しょうじ》輪廻なし」と言い切っています。霊性即仏性でもいいのですが、その正体は自心に問い質《ただ》してください。

般若心経の最大テーマが「空《くう》」である以上、般若すなわち悟りの智慧、般若智という根源的活動、霊性的直観がなければ、空を現実の生きたハタラキ、実感として受用できないのです。

霊性、仏性とは、そのまま空性のことです。つまり物心ともに一体となって発露するダイナミズムのことです。空虚なカラッポではありません。空性という命です。
玄沙《げんしゃ》禅師がこんな苦言を呈しています。

おまえたちは、性相を一如と見抜く、本然清浄《ほんねんしょうじょう》で広大な般若智が分かっているのか。分かっていないなら、おまえたちがここで修行している意味もないし、また目の前の山でさえ見えるとはいえない。もし見えるというなら、どのように見えるのか。

（『玄沙広録』）

玄沙は言います。性相《しょうそう》すなわち物の本体（性）とその現象（相）は、ともに空であり一如だと。そのように見抜くのが海の如く広大な般若智（般若智海）だ、と。般若智は、日常相対の価値観に汚《よご》されていないから本然清浄です。まっさらです。だとしたら、日常相対世界でウロウロしているおまえたちは、目の前の山さえ本当には見ていない、と言うのです。一切の情識を断ち切って、目前の山の明歴々《めいれきれき》を見よ、と。
ところがいくら私が、祖師がたを引き合いに出して勝手にしゃべっても、実のところ何も発展しません。そこが実に味わいのあるところなのかもしれません。手も足も出ない世界というのは。

白隠は「般若」について、次のように言います。

嶮崖《けんがい》に手を撒《さっ》せずんば　未《いま》だ曾《かつ》て見ざること在らん

（断崖絶壁から手を放していちど死んでみなけりゃ、般若は分からんだろう。）

「嶮崖」は険《けわ》しい崖で、「手を撒する」は、手を放すです。嶮崖とは、それまで自分が学び蓄えた知識や、苦労してものにした経験の山積のことです。それが高ければ高いほど、そこから手を放して谷底へ飛び込む勇気なんか起きません。しかし白隠は、虎の子の経験知識を棄て、いったん死に切ってしまわねば、般若智は一滴も湧き出てこないと言います。思慮分別知を棄てろというのです。なぜか？

何が故ぞ　灯下に爪を切らず

（どうしてか。夜、暗い灯下で爪は切らない。爪カスが回収しきれないから。）

（白隠『毒語心経』「般若」）

爪は伸びすぎても切りすぎても具合の悪いシロモノですが、手の働きにはなくてはならないものです。しかし、一度切ってしまった爪カスはゴミに過ぎませんから、回収して棄てますが、白隠は、暗い灯下では回収漏れの爪カスが残るぞ、と警告しています。いったん死に切って分別知を棄てたつもりでも、必ず棄てきれないカスが残っています。爪カスならいざ知らず、自分の心の中など完璧に掃除できっこないのです。

ですから、手も足も出ない世界を一生かけて探究し、ようやくおぼろげながら自分とは何か見えてくると、もう寿命が来ています。人生とはおもしろいものです。「分からない」ということが本質なのですから。

何かを分かろうとする分別知は、私たちが社会生活をするうえで、必要不可欠な知恵です。子供が成長してゆくのを「だんだん分別がつく」と言います。逆に社会ルールを守らない身勝手なひとを「あいつは無分別だ」と言います。

それなのに、白隠はなぜ分別を棄てろというのでしょうか。

この問題は、すぐに答えを出さずに、この本を通して一緒に参究してゆきましょう。

「ああそうか、般若とはそういうことか、分かりました」と分別臭い納得をされても困りますから。

趙州《じょうしゅう》禅師にこんな問答があります。

趙州が全国を行脚《あんぎゃ》している頃、杭州《こうしゅう》の大慈和尚に問《と》うた。
趙州、「般若は何を本体としますか」。
大慈、「般若は何を本体としますか」。
趙州はカラカラと大笑して出ていった。
大慈はあくる日、趙州が庭掃除をしているのを見て問うた。
大慈、「般若は何を本体としているか」。
趙州は箒《ほうき》を下に置いて、カラカラと大笑して去った。
大慈もすぐに居室に帰った。

（『趙州録』）

趙州の「般若の本体」についての質問に、大慈は間髪《かんぱつ》を入れずに問いをそのままに返しました。単なるオウム返しのように見えますが、そこには全く「般若の本体」についての分別知的説明が入る余地がありません。間髪を入れず、です。大慈の全身におのずから般若の本体がありありと露現しています。
趙州は大いに満足して立ち去りました。

修行僧が趙州に問うた、「般若波羅蜜とは何ですか」。
趙州、「摩訶般若波羅蜜！」。

この問答も大慈和尚との問答にそっくりですが、今回は般若波羅蜜の前に「摩訶」を付けて返答しています。前の問答と同じで単なるオウム返しではありません。おそらく「摩訶」が付いているので、趙州は般若心経の冒頭を朗々と唱えたのでしょう。この大音声《おんじょう》で修行僧の小賢《こざか》しい質問は吹っ飛んでしまいました。

このように、「般若」というキイワードを禅僧は、仏教思想の概念としての般若を棄て、互いに息がかかるような距離で、ナマナマしく露呈しあうのです。般若智の活発なやりとりによって、空は単なる概念ではなく、手に取るように実感されるのです。般若智がなければ空に触《さわ》れません。

石鞏《しゃっきょう》、「空《くう》のつかみかたを知っているか」。
西堂《せいどう》、「知っている」。
石鞏、「では、つかんでみよ」。
西堂、拳《こぶし》をギュッと握って虚空をつかみ、腕を空中に突き出した。

石鞏、「空のつかみ方を知らないな」。
西堂、「あなたなら、どうするのですか」。
石鞏はいきなり西堂の鼻をねじりあげた。

（『景徳伝灯録』巻六）

空気を握ってみせるなど、誰でも思いつく他人事《ひとごと》です。しかしねじられた西堂の鼻と忍痛は西堂の空です。自分自身の生きた空です。

空を説く般若心経の本家本元は、般若部経典といわれる種々の般若経です。そこで般若経典について見てみましょう。

私たち臨済宗と般若経典とのかかわりは、日課の本尊《ほんぞん》諷経《ふぎん》が般若心経、晩課諷経が金剛般若波羅蜜多経。正月、入制その他、祈祷諷経が大般若経六百巻の転読などです。

私たち僧侶にとって般若経典は漢訳経典をただ読誦《どくじゅ》するものですが、本来はサンスクリット語による説法を中心とした空観を述べたものです。ちなみに日頃読んでいる鳩摩《くま》羅什《らじゅう》訳の金剛般若波羅蜜多経とそのサンスクリットからの和訳をくらべてみましょう。

（漢訳からの読み下し）

復次《また》須菩提《しゅぼだい》よ、菩薩は法の於《うえ》で、まさに布施《ふせ》に於《お》いて住する所が無いように行ずべきである。所謂《いわゆる》、色《しき》（物）に住しない布施である。声香味触法《しょうこうみそくほう》に住しない布施である。須菩提よ、菩薩はまさに是《かく》の如く布施して相《すがた》に住しない。

（サンスクリット語からの和訳）

さらにまた、スブーティよ、菩薩は事物に執着しながら布施すべきではない。何かに執着しながら布施すべきではない。つまり色形に執着しながら布施をしてはならないし、音声や香りや味や触れられるものや、心の対象に執着して布施すべきではない。

大乗経典のうち、もっとも初期に成立したのが般若部経典です。（大乗という言葉は般若経に初めて登場します。）

実は般若経は単一な経典名ではなく、前一世紀頃から以降、千年にわたって書かれ、増補され、編集された膨大な般若思想文献の総称です。これらは四期に分かれます。梶山雄一『般若経』を引用します。

・第一期＝前一世紀〜後一世紀。基本般若経『八千頌《じゅ》般若経』成立。

・第二期＝一世紀〜三世紀。八千頌を増補拡大して、一万八千頌〜十万頌が成立。
・第三期＝三世紀〜五世紀。『金剛般若経』、『般若心経』など代表経典が成立。
・第四期＝六世紀〜一二世紀。密教系般若経の成立。

三　「波羅蜜多」――彼岸はどこにあるのだろう？

波羅蜜多はパーラミターの音写です。般若智の完成、あるいは向こう岸に到達する、「到彼岸」と訳されました。つまり彼《か》の岸があれば此《こ》の岸（此岸《しがん》）もあるわけで、必然的に、ガンジス河や揚子江のような大河が連想される方便です。

此岸はわれわれ凡夫の迷える世界、シャバで、彼岸は悟りの世界、仏界です。そしてその河をこちらからあちらへ渡るとき、仏教語では「渡」のサンズイが取れて「度」となります。意味は渡る、渡すと同義です。こうした河を渡すという救済行為が、「衆生済度」という大乗仏教のテーマに結びついてきます。「済度」の「済」も河を渡す、救う（済民）の意味があります。

そこで河を渡るには船が必要になりますが、自分一人で小舟に乗って彼の岸へ「渡る」のが小乗仏教で、大船でたくさんの衆生を「渡す」のが大乗仏教となります。「渡る（自利）」と「渡す（利他）」の違いがはっきりします。

ところで「彼岸」とは、具体的にはどこにあるのでしょうか。

白隠は毒語で「大地誰か是れ此岸の人」と言っています。波羅蜜多だの到彼岸だの、何か別世界にとりつかれているようだが、もとより彼の岸に渡ったひとと此の岸に留まるひとと、どこがどう違うか。そんな彼此の分別こそ見当違いだ、と。

おっしゃる通りで、魚屋のオジチャン、八百屋のオバチャンに彼岸とは悟りの仏界だ、などと言っても、腹の足しにもなりません。

そこで、浄土系宗門では極楽浄土とちゃんと名前を付け、南無阿弥陀仏と念仏すれば誰でも極楽往生できるとしました。ここでの極楽往生は、ほかでもありません、到彼岸です。むろん般若心経も庶民に親しいお経なのですが、私がこうして字解きをしなければならないように、般若心経は内容が難しい。そこへゆくと、ただ「ナムアミダブツ」、忙しいときは「ナンマンダブ、ナンマイダ」と一心に称えれば波羅蜜多（到彼岸）が実現できるというわけです。

禅僧の私でも、この浄土門の教えは仏教を庶民に根付かせる最高の教えだと驚嘆しております。念仏三昧とは、分別知を棄てる無心の行《ぎょう》ですから。

よって、日本浄土宗開祖、法然上人《ほうねんしょうにん》は、日がな一日「ナンマンダブ」を称え続けて、どっぷり「ナンマンダブ」漬けになりなさいとおっしゃる（専修念仏）。

正定《しょうじょう》の業《ごう》とは、即ちこれ仏名《ぶつみょう》を称するなり。名を称すれば、必ず生ずることを得《う》、仏の本願に依るが故なり。

（法然「選択《せんちゃく》本願念仏集』）

「正定の業」とは、中国・唐の浄土僧、善導の『観経疏《かんぎょうしょ》』に、「心に専《もっぱ》ら弥陀《みだ》の名号《みょうごう》を念じて、行住坐臥《ぎょうじゅうざが》に時節の久近《くごん》を問わず、念々に捨てざるもの、これを正定と名づく」から導かれた語です。

要するに寝ても覚めてもひたすら「ナンマンダブ」を称え続けることが「正定の業（行い）」です。そして念仏すれば必ず極楽に往生するという保証は、極楽往生は人間の勝手な我がままではなく、それが「仏（阿弥陀仏）の本願」なのだというのです。

さて、この法然の強靭な信念。念仏行は坐禅の難行に対して、ただブツブツ念仏するだけですから、易行《いぎょう》と言われます。私は「とんでもない！」と考えます。念仏すれば極楽往生なら、そんな目出度《めでた》い話なら「今すぐ極楽（あの世）へ飛んで行きなさい」と言いたい。

すると念仏信者さんは「いや、今すぐあわてて行かんでも、この世をもっと楽しんで、死んでからゆっくり行くわい」と答えるでしょう。

なぜなら極楽も阿弥陀仏も本当には信じていない、信じ切れないからです。極楽がそんなにありがたいなら、今ここで、何をおいても直行すべきではありませんか。やはり阿弥陀さんを本当に信じ切るのは、易行ではなく難行なのですよ。

そこで法然の弟子、浄土真宗開祖親鸞《しんらん》聖人が登場するのです。

親鸞は、なぜ阿弥陀仏が極楽往生の本願を立てたか、そんなことは「仏意量《はか》り難し」で、摩訶世界のことは人間には分からんと言っています。知ったこっちゃないのです。実に禅的なキレ味です。

人間、生きて行けば真っ黒な罪業でベトベトに汚れるに決まっているのです。なにも誤魔化す必要なんてありません。だからこそ人間の評価を、日常相対世界のエゴの基準によって、曖昧に、身勝手に、身内だけでこね回すことのバカバカしさ、つまらなさを、親鸞はご存知なのです。

徹底した自己否定から始めるのは、倫理や人道や社会通念によって人間の本来の尊厳を誤魔化さないためです。親鸞には、その決然とした勇気があって、それがこのひとの世俗的悲劇でもありました。宗門開祖はみなそうです。

釈尊は苦という全否定から出発しました。それは人間存在に曖昧さを残さないためです。否定は、実は生きていく真の動機であって悲観や絶望ではありません。なぜなら自然そのものが生まれ死に、生まれ死にして、否定と再生を繰り返すからです。そのサイクルを止めてしまってはならないのです。人知をいったん否定して、般若智にいたるその必然を、親鸞は次のように説きます。

かの土（浄土）に生《む》まれんと願ふ信者には、不可称、不可説、不可思議の徳を具足す、心も及ばれず、言葉も絶えたり。かるがゆへに、不可思議光仏と申すとみえたりとなり。南無不可思議光仏。

（『弥陀如来名号徳』）

「心も及ばれず、言葉も絶えたり」。この切実な言葉が、親鸞の血肉が受けた光明なのです。

もう、彼岸はどこに在るか分かりましたね。それでは安心して日常相対世界に戻りましょう。

わが国独自の年中行事にお彼岸があります。年中行事は普通、年に一度ですが、お彼岸は春秋二度あります。なぜでしょうか。

民俗学から光を当てた五来重《ごらいしげる》『宗教歳時史』によると、仏事としての彼岸は、春秋ともに日が真西に沈むことから、西方浄土への結縁《けちえん》念仏として始まりました。

一方、農耕祭の一面も指摘されています。春は田植えに、秋は収穫に、それぞれ太陽に豊作祈願と感謝を捧げる太陽信仰です。

「そして信州安曇《あずみ》郡には『日願《ひがん》』ということばも残っているから、『彼岸』の文字をあてはめたのは、頭のよいお坊さんの思いつきであったにちがいない」。

彼岸会《え》の記録は『日本後紀』延暦二五（八〇六）年に、毎年、春分・秋分を中心にした前後七日間にわたって崇道《すどう》天皇（早良《さわら》親王）のために、金剛般若波羅蜜多経を転読した、とあります。さらに、三月一七日に彼岸会挙行の太政官符《だじょうかんぷ》が全国に発せられました。早良親王は東大寺親王禅師の身でありながら、桓武天皇によって謀反を疑われ（冤罪）、餓死に追い込まれた悲劇の貴公子です。怨霊封じの意味もあったのかもしれません。

こうした西方浄土の民間信仰は、中国でも古くからあったようです。七世紀末の禅者、六祖慧能が、「西方浄土」という信仰にケチをつけています。

「僧俗がいつも阿弥陀仏を念じて、西方に生ずることを願っているのをよく見ますが、私でも西方浄土に生まれることができるかどうか、疑問をといてください」。
「東方の人も心が清浄ならば罪はないが、西方の人といえども心が清浄でなければ罪があるものだ。東方の人が罪を犯せば仏を念じて西方浄土に生まれることを願う。西方の人は罪を犯せば、仏を念じてどの方角の国に生まれようと願うのだ。凡愚は自性（仏性）を悟らない。身中の浄土を識らず、東を願い西を願う」。

（『六祖壇経』）

浄土は身中にあり。阿弥陀仏も身中に生き生きと活動しています。

四　「心経」――般若経典群のエッセンス

「心経」の「心《しん》」は、フリダヤで、心臓、心《こころ》、心髄などの意味です。では何の心髄なのか、ということですが、「智慧の完成の心髄」ということと、いまひとつ般若経六百巻の心髄、エッセンスだということ、あるいは大乗経典、大乗思想のエッセンスだということもあるでしょう。

というのも、般若経というのは般若思想を説いた経典の集大成、寄せ集めであって、一般のひとがとても扱える代物《しろもの》ではありません。よって、その膨大な般若部経典のエッセンスが般若心経だというわけです。また、般若部経典は大乗の中心的経典です。よって、般若部経典のエッセンスは、同時に大乗経典のエッセンスだということになります。

さらに風呂敷を広げると、般若心経こそ釈尊の思想、悟りの心髄を説いたものであるから、仏教そのもののエッセンスともいえるわけです。整理してみましょう。

・釈尊の説法期間　前四二八～前三八三（入滅）、約四五年。
・第一回仏典結集《ぶってんけつじゅう》　釈尊滅後すぐに、釈尊の法を継いだ、ただひとりの摩訶迦葉《マハーカーシャパ》を座長とし、阿難《アーナンダ》が説法を、優波離《ウパーリ》が戒律を誦出し整理された。
・第二回仏典結集　仏滅後一〇〇年（前二八三）、戒律解釈問題で保守派上座部と進歩派大衆部に分裂。
・アショーカ王（前二六八～二三二在位）時代、仏教はインド全土に広まり、アショーカ王王子マヒンダ長老によって上座部がスリランカ（セイロン）に伝播、ここから東南アジア一帯に上座部仏教が南伝された。
・大乗経典の成立　紀元前後、民衆と一部指導僧が「反小乗仏教」として大乗仏教運動をインド全土に展開。それによって紀元前一世紀〜後三世紀に成立した主な経典は『般若経』、『法華経』、『華厳経』、『無量寿経』、『維摩経』など。

禅僧はこれらの仏典とどのように向き合ったのでしょうか。

天龍寺と相国寺の開山夢窓国師は常より、読経する暇があったら坐禅しろと叱咤《しった》していたそうです。むろん、仏典を軽視したのではありません。仏典の心髄を徹底して命がけで我が血肉としろ、ということです。心経の心とは、一生の重みそのものだぞ、ということです。

黄檗希運《おうばくきうん》禅師は臨済禅師の師です。唐の宣帝（在位八四七〜八六〇）は、皇太子時代に政変を避けて、僧に身をやつして禅寺に匿《かく》まわれていました。時に、黄檗は百丈禅師の法を継《つ》いだあと、この寺に客分として逗留していました。このふたりの問答です。

黄檗が本堂で礼拝《らいはい》していると、大中書記（皇太子の僧名）がそれを見咎《とが》めた。

「仏に著《つ》いて求めず、法に著いて求めず、僧に著いて求めず。これが執著を離れた禅の本分であるのに、そなたはどういうつもりで礼拝するのか」。

黄檗、「仏に著いて求めず、法に著いて求めず、僧に著いて求めず。このようにただ礼拝しております（常に礼拝することかくの如し）」。
大中、「それでは礼拝してもなんにもならんぞ」。
黄檗はいきなり大中をひっぱたいた。
大中、「無礼者、手荒なまねをするな！」。
黄檗、「仏法に手荒もクソあるか」と云って、また打った。

（『五灯会元』「黄檗希運」）

禅僧は、ただ礼拝し、ただ読経するのです。そこに「ただ」という真の気迫があります。

＊寄り道コラム①「西遊記のモデル、三蔵法師とは」

禅宗日課経典所収の般若心経や、転読用の大般若経六百巻は玄奘訳です。

玄奘《げんじょう》という名を知らなくても、三蔵法師といえば『西遊記』の主人公と思い浮かぶでしょう。『西遊記』は元代に成立した伝奇小説で、三蔵法師玄奘が、妖力を持つ孫悟空、猪八戒、沙悟浄らをお供に連れて、西域から天竺（インド）へ向かって仏典を求める旅に出る話です。

『西遊記』は中国で版を重ねたばかりか、わが国でも映画、ドラマ、アニメなど繰り返し制作された娯楽小説ですが、元代版以降は孫悟空の痛快な活躍によって、三蔵法師玄奘の影は薄くなっていきます。わが国でも一九七九年制作テレビドラマでは夏目雅子、二〇〇七年制作映画では深津絵里の女優が三蔵法師に扮しており、ご本人が見たらたまげるでしょう。

さらにいまひとつ、能『大般若』でもシテ（主役）は深沙大王《じんじゃ》、ワキ（脇役）が玄奘になっています。この能の見どころは、玄奘の渡天（天竺行）を讃える河の主・深沙大王の舞働《まいばたらき》（激しい動きの舞い）と飛天の下がり端《さ　は》の舞い（ゆっくりとした優雅な舞い）で、しかも、シテも大王の眷属《けんぞく》であるツレの竜神もハデハデしい般若面とカシラの衣装で舞います。地味な旅僧姿の玄奘は、『大般若経』をインドに求めに行くという命がけの壮途にありながら、舞台にいてもいなくてもいい存在で、河の妖怪たちの乱舞こそが見どころなのです。

そうです。仏教世界においても玄奘は同じ扱いを受けています。一宗派を開創した宗祖は仏教史上綺羅星《きらぼし》のごとく存在し、後世に与えた影響ははかりしれません。しかし、玄奘は本場インドに赴《おもむ》き、膨大な経典を持ち帰り、国家事業としてその漢訳に生涯を捧げた「翻訳僧」にすぎません。鳩摩羅什《くまらじゅう》、真諦《しんたい》、不空金剛《ふくうこんごう》と合わせて「四大訳経家」と讃えられていますが。しかし、実は玄奘というひとは驚くべきひとなのです。

玄奘（六〇二～六六四）は、陳氏という士大夫《したいふ》（貴族）階級の出身で、一一歳で『維摩経』、『法華経』をスラスラと唱え、一三歳で『涅槃経』と『摂《しょう》大乗論』という無著《むちゃく》の著わした難解な唯識論《ゆいしきろん》を学びました。これはちょっと信じられない早熟な秀才です。また一八歳で成都（四川省・蜀の都）へ出て、『阿毘曇《あびどん》論』という説一切有部のアビダルマ哲学を研究します。二一歳で具足《ぐそく》戒を受け正式な比丘になります。さらに長安で『倶舎《くしゃ》論』という世親の大著を研究します。

このように、玄奘というひとは、悟りを求めて修行専一に精進するタイプの僧ではなく、典型的な学僧なのです。しかもかなり出来るひとなのです。

そこで、玄奘が学僧として行き詰まったのは、一つの論書にたくさんの解釈があって、その解釈にも註釈があって、という迷路に落ち込んでしまったことです。これは断然、本場インドの原典に当たらねばなりません。

玄奘は六二九年、国禁を犯して中国を出国、シルクロードからインドに入り、インドの仏跡をくまなく巡り、マガダ国ナーランダにシーラバドラ師を訪ね、正統な唯識学を学びました。そして六四五年、六五七部の経・律・論の三蔵を長安に持ち帰りました。

この間の記録はまさにとんでもない人間記録であって、『大唐西域記』にくわしく書かれています。残念ながら、あまりに困難にして不屈の業績なので、ここに略記できません。

帰国した玄奘は、唐の太宗皇帝の庇護のもと、弘福寺・翻経院で翻訳事業に着手、のちに大慈恩寺に移って余生を仏典の翻訳に捧げます。その業績のうち、晩年に漢訳した『大般若経』六百巻が代表的偉業となりました。漢訳一切経の四分の一にあたる合計一三三八巻の三蔵文献を翻訳したことになります。

それでも、玄奘は影が薄いのです。

しかし、そのことがかえって玄奘の偉大さを表明していると考えねばなりません。玄奘の真っすぐで純粋な求道心は単に仏典招来者とか、翻訳僧とか唯識学（法相宗）の権威とかのレッテルを貼って済むものではありません。そこに仏教の奥深い陰徳性という、尊《とうと》い特性が光っているのです。

第二章　意外にも、般若心経は菩薩の説法

「観自在菩薩　行深般若波羅蜜多時　照見五蘊皆空　度一切苦厄」

（観自在菩薩《かんじざいぼさつ》は、深般若波羅蜜多《じんはんにゃはらみった》を行じる時、五蘊《ごうん》は皆空《かいくう》と照見《しょうけん》し、一切の苦厄《くやく》を度《ど》した。）

一　「観自在」――自由自在に観るとは？

「観自在」は、「アヴァローキタ（観）」と「イーシュバラ（自在）」の複合語、「アヴァローキテーシュバラ」だそうです。舌を噛みそうで二度と言えません。

この漢訳は玄奘が字義通り直訳したものです。一方、玄奘に先立つこと二五〇年あまり

前、鳩摩羅什《くまらじゅう》（三四四〜四一三、クマーラジーヴァ、西域僧）は「観世音」と意訳しました。ちなみに鳩摩羅什を旧訳《くやく》、玄奘を新訳といいます。

このふたりの訳し分けは実に見事に大乗思想を代弁しています。本音からいえば、仏教は釈尊の悟り、すなわち摩訶世界の般若智が根本であって、一歩も譲れないところですが、それだけでは単に個人的な内向きのこと、宗教になりません。その般若智から日常相対世界を見たとき、外に向けられたとき、おのずと発動されるのが大慈悲という菩薩行です。無心に自然に、です。観自在という般若智が観世音という慈悲に転換されます。

観音経にこうあります。

もし百千万億の衆生有って、様々な苦悩を受けても、あなたがたが観世音菩薩の名を聞いて、一心にその名を称えれば、観世音菩薩は、すぐにその声を聞き分けて、苦悩から救ってくださるだろう。

そもそも神や仏にすがる、救ってもらいたいと念ずるとはどういうことでしょうか。むろん苦しいからです。その苦悩が自分や周囲のひとたち、あるいは専門家でさえ、手に負えぬほど深いからです。

と同時に、その苦悩が真実のものかどうかです。身勝手からくる不平不満のたぐいではなく、必死の救済を求めたかが問題なのです。チケットを買えば入場できる、観音菩薩のお札《ふだ》を買えば救われるという問題ではありません。そこに「観自在」という大前提が提示されるわけです。救う者と救われる者とがピタリと合わさった時のみを、宗教的瞬間、出会いというのであって、一瞬たりとも打算やもくろみがあってはならないのです。そのピッタリ一如が般若智のパワーです。


それでは、観自在すなわち自由自在に観るとはどんな観方《みかた》なのでしょうか。

まず私たちには「自分」があって、その自分による主観があります。その主観がこの世の膨大な情報の中から、自分にふさわしい情報を取捨選択します。この取捨選択機能は、自分を成立させる何より大切な機能です。

ところが自分＝主観＝取捨選択という連鎖は、物事をあるがままに受けとめることを止《や》めてしまうことです。あるがままに受けとめるということがなぜ大切かというと、それは普遍性に通じているからです。普遍性は真理に通じています。

白隠は「是非憎愛、総に拈抛《ねんほう》せば、汝に許す、生身《なまみ》の観自在」と毒語しています。

「是非憎愛」は、選り好みです。自分＝主観＝取捨選択の連鎖です。それを拈《つま》んで抛《なげう》てば、お前さんは生身の観自在菩薩だ、というのです。

大事なことは、この観自在機能は生まれつき誰でも持っていて、それは幼児の無心な振る舞いを見れば頷《うなず》けるのですが、成長するにつれて主観連鎖が肥大してブレーキとなり、観自在機能がまったく働かなくなるということです。

それを一度、放りだせ、と白隠は言います。むろん、主観連鎖は生涯死ぬまでなくなりません。それが人間の証《あかし》ですから。放り出せというのは、主観連鎖から一度、解放されてみろというのです。それは誰にでも十分に可能なことなのです。

そこで、「南泉株花」という問答です。

陸亘大夫《りくこうたいふ》、「肇法師《じょうほっし》の言葉に、天地と我と同根、万物と我と一体、とありますが、素晴らしい言葉ですね」。

南泉、「時の人（今時の人、つまり、おまえさん）、この一株《ひとかぶ》の花を見ること夢の如くにあい似たり、だ」。

（『碧巌録』「南泉株花」）

「天地同根、万物一体」は、肇法師『肇論《じょうろん》』にある有名な言葉です。その言葉に感心するのは一向に構わないのですが、分別知識に留まっていて他人事《ひとごと》だと南泉禅師に見破られてしまいました。

つまり陸亘大夫は、目の前の一輪の花を見るのさえ「きれいな花だ、牡丹かな」と主観連鎖で見るのです。玄沙が言うように「また目前の青山を見るや、ソモサンか見る」です。自分と物との間に主観連鎖が働いて、花と同根、一体になれないのです。スッと、ただ見ないのです。

まさに「天地と我と同根、万物と我と一体」とは、観自在ということです。目の前の物を概念化しないということです。陸亘大夫と一輪の花とには無限のへだたりがあるのです。ついでながら、「観自在」を、自《おの》ズカラ在《あ》ルヲ観《み》ルと無理に読み下すと、自然に在るがままに見る、という意味になります。

二 「菩薩」——超人と凡人を兼務する

菩薩は、なんといっても大乗経典の華です。初期仏教および部派仏教の経典は釈尊の独り舞台ですが、大乗になると膨大な数の化身仏が出現し、したがってその援軍として菩薩たちもきらびやかに登場します。

しかし、菩薩は実に分かりにくい存在なのです。菩薩のなかに様々な要素、役割、理想像が混入していて、すっきりとした理解になかなか至りません。そこへゆくとわが禅宗は大乗仏教の一丁目一番地。仏心宗と言われる宗派ですから、最終的には「自心」のうちに菩薩を見出すほかありません。

菩薩には二種類あります。まだ成仏していないで、菩薩行といわれる六波羅蜜を行じている修行者です。悟りを求めることを上求菩提《じょうぐぼだい》といいますが、その過程にある修行者です。ここでは「一般菩薩」と呼びましょう。

一方、既に悟りを開いて成仏しているのに、衆生済度のために菩薩の姿をとって大活躍をするひとたちがいます。この行いを上求菩提に対して下化衆生《げけしゅじょう》といいます。一般菩薩と違ってその役割から観音菩薩、文殊菩薩、地蔵菩薩など多種多様です。一般菩薩（私たちも含まれます）に対して、「大菩薩（摩訶薩、マハーサットヴァ）」と呼んでおきましょう。

一般菩薩は納得いきますが、この超人と凡人を兼務する大菩薩が、案外分かりにくいのです。

仏道を修して悟りを開いた瞬間、そのひとは仏陀であり、仏陀はそのまま迷える衆生を救う存在となるわけで、わざわざなぜ、超人凡人兼務して、如来の姿をとらないで、チャラチャラと体中に宝飾をまとって――そこが「仏像」の菩薩像と如来像の違いですが、菩薩と名乗るのでしょうか。

なにより釈尊がよい例です。仏陀となったのち、粗衣粗食に甘んじて五〇年近くインド全土を遊行説法して、無数の衆生を救ってきたのであって、そこに仏陀と菩薩の役割分担などありませんでした。

では、そのへんの事情を解き明かしていきましょう。

菩薩は単に「悟りを求めるひと」といっても漠然としていますが、菩薩観の変遷はあります。釈尊の滅後、その影響があまりに偉大だったため、釈尊のみが仏陀とされ、それ以外の修行の完成者は仏陀ではなく阿羅漢《あらかん》と呼ばれました。

つまり、どんなにがんばっても、誰も釈尊と同じ悟りは開けない運命です。釈尊はただひとりの仏陀という超人に祀り上げられました。

したがって、悟りを求めるひと＝菩薩とは、釈尊が成道するまでの途上の姿（本生《ほんじょう》菩薩）とされたのです。

さらに時代が進むと、将来に成仏を約束されたひとや、予言された人を菩薩と呼びました。例えば釈尊も成仏以前は、過去世において燃灯仏によって成仏を予言された菩薩でした。話がここまでくると、もはや眉唾の感がありますが、この予言を「授記《じゅき》」とか、「別記《べっき》」といって大真面目《おおまじめ》に行われていました。

大乗は、なんといっても自己自身が菩薩であると主張します。なぜなら釈尊の「生きとし生けるものは、みな成仏する。有情《うじょう》・無情悉皆成仏《むじょうしっかいじょうぶつ》」の立場に立つからです。よって、成仏を予言する保証書、授記もいらないわけです。大乗では、出家せず在家のままで修行するひとを菩薩とするのです。

ところが大乗経典には、この一般菩薩とは違う大菩薩がたが多彩に登場することは既に申しました。

これらの華やかなスター菩薩たちは、実は釈尊の悟りの世界、仏性の多彩な機能《ハタラキ》を象徴したもの、方便なのです。彼らが、いわゆる大乗仏教の華なのです。

「弥勒菩薩」は、遠い将来に弥勒仏として兜率天《とそつてん》から下界に下生することが授記されたひとで、一生補処《いっしょうほしょ》の菩薩といいます。釈尊の次の仏陀としてこの世に補任されて来るわけです。

「文殊菩薩」は、仏心の本然清浄という思想から出たもので、智慧の文殊、すなわち般若智菩薩であり、絶対平等智のシンボルです。

「普賢菩薩」はその逆で、現世の実相、愛憎苦楽の相対差別智のシンボルです。そこから娑婆世界への慈悲を発します。

よって、この二つの仏智が釈尊の中道観を表し、「釈迦三尊」として、文殊と普賢は左右の脇侍となっているのです。観音菩薩はすでに述べました。

そもそも大菩薩は仏陀そのものです。ただ、仏陀ではありますが、大乗思想の衆生済度の面が強調されて、そのシンボルとして大衆性を展開したわけです。

一方、一般菩薩は生きた現実の仏教徒の姿です。この世界全体が法身であり、その優れたハタラキによって、誰でもが等しく人生において生活のうちで仏法を実現していけるということです。

いずれにしても、大菩薩のシンボルより、一般菩薩こそ大乗思想の中核です。そのためには、自己の内なる仏性への固い信念がなければなりません。その信念の起こるときを初《しょ》発心《ほっしん》として、大慈大悲の菩提心を深めていくのです。

菩薩が登場する問答を見ましょう。


昔々、十六人の開士《かいじ》がおった。入浴の際、作法に従って粛々《しゅくしゅく》と風呂に入った。すると開士たちの長者である跋陀婆羅《ばつだばら》菩薩がたちまち水因を悟った。

さて諸君、「妙触宣明《みょうそくせんみょう》、仏子住《ぶつしじゅう》を成《じょう》ず」とは何のことか。七穿八穴《しちせんはっけつ》して体得すべきである。

（『碧巌録』「開士入浴」）

この話は、跋陀婆羅という菩薩が、入浴の際に、湯に触れたとたん、前後両忘して本来の自己に目覚めた、その悟入体験に対して、威音王仏（無量無限のシンボル）が「妙触宣明、仏子住を成ず」と証明授記したものです。

悟りの体験、悟入の瞬間は、五官（眼《げん》・耳《に》・鼻《び》・舌《ぜつ》・身《しん》）のハタラキによって、色彩、音声、香り、味覚、肌触りなどが直接、内心に飛び込んでくるときに起こります。

霊雲は桃の花を見て、香厳《きょうげん》は石が竹に当たった音で豁然《かつねん》として大悟しました。跋陀婆羅菩薩は、湯水に触れた瞬間に大悟です。その「湯水に触れた」という契機が水因です。

さらにそれは、「妙触《みょうそく》」すなわち決定的な心身脱落を伴う感触、仏性の顕現でした。それはあまりに素晴らしい体験なので、宣明（鮮明）なのです。そしてその結果、「仏子住」を成就したと証明されました。仏弟子の住する地に至った、仏誓願に生きてゆく地位についたということです。

そしてそれは、跋陀婆羅に限った話ではない、私たちの今日の問題なのです。明けても暮れても仏道を内心に護持し、必ず迷妄を打破せんと誓い、「七穿八穴」即ち、粉骨砕身して努力すれば、天地到るところ悟りの機縁です。

水因を悟った跋陀婆羅という一般菩薩は、私たちと同じ地平に立つひとなのです。

さて、白隠の「菩薩」の毒語が素晴らしい。

我空無相の窠《か》を超出して　業海《ごっかい》生死《しょうじ》の波に沈浮《ちんぷ》す
南無　救苦《きゅうく》大悲者　百億の分身　際涯《さいがい》無し

悟ったひとは、ヘタをすると、とんでもない悟り病になります。悟りが、自心の急激な大転換であるがために深みにはまるのです。深みは、滞留すると腐る。我空無相という絶対境を手に入れて煩悩から解放され、その醍醐味に酔い、そして腐るのです。

菩薩はその窠（穴）から超出して、あえて濁世《じょくせ》の苦悩に飛び込み、人間が背負ったどうしようもない弱さに寄り添うというのです。

ああ、あまたの苦しみを救うひとよ、ありがたや、私はあなたに帰依します。それもおおざっぱにひと括《くく》りではありません。地球上九十億の人間に九十億通りの苦悩あるならば、それぞれに応じましょうというのです。際限無き大慈悲です。

三　「行深般若波羅蜜多」――人間の真実の行い

この一行こそ般若心経が拠《よ》って立つ極めて重要な基盤であり出発点です。菩薩が般若波羅蜜多を行じることとは、六波羅蜜の智慧（般若）波羅蜜を行じることとです。菩薩が般若波羅蜜多を離れないこと、その正念相続《しょうねんそうぞく》の行こそが般若心経のギリギリの生命線です。簡単にいえば、深い悟りの境地にあって何事も行う時、となります。

もし、そのことを怠るならば、この短い経典は、ナーガールジュナ（以下、龍樹《りゅうじゅ》）の言うように、「戯《け》論」、無駄な空論におちこんでしまうでしょう。

この経典は、他の大乗経典のように、天女が天空から花を降らせたり、仏弟子が神通力を披露したり、読者を楽しませる方便、イベントはありません。抽象語の羅列です。

しかしこの経典は、行深般若波羅蜜多という空の実践を前提とする、般若智の展開なのであって、けっして分別知や空疎な議論の展開ではないからです。部派仏教の難解なアビダルマ哲学を戯論と断じる経典です。

行を伴わない議論、法戦《ほっせん》は釈尊がしばしば禁じたことです。釈尊の説法はとても論理的でしたが、きっちり実践行に裏打ちされたものでした。

観自在菩薩が空について説くとき、それは深般若波羅蜜多の行として説くのだという条件付きです。六波羅蜜の最後、六番目の般若波羅蜜の菩薩行が条件になります。そのことは観自在菩薩という大菩薩と一般菩薩とを繋《つな》ぐ一筋の光明でもあるのです。坐禅によって禅定力を養い、そのことがそのまま般若智を研ぎ澄まさせ、日常生活に活かされてくるのです。その般若智による日常生活を「仏道」というのです。よって、観自在菩薩は、坐禅をしていないときでも、禅定のなかから説法しているのです。この坐禅をしない禅定力《ぜんじょうりき》を、正念相続といいます。

私が小僧生活を送った信州飯山正受庵《しょうじゅあん》の開山、正受慧端《しょうじゅえたん》（一六四二〜一七二一。道鏡慧端、正受老人、白隠の師）に次の言葉があります。

況《いわん》や正念工夫相続不断の人を求むるに千人万人の中に並びに一人もなし。老僧十三歳、この事《じ》有るを信じ、十六歳、娘生《じょうしょう》の面目（ただ生きているだけの無自覚さ）を打破し、十九歳出家。無難先師（至道無難《しどうぶなん》禅師、亡くなった師を先師という）に随従し、他《かれ》の毒手（悪辣非情《あくらつひじょう》な指導）に触るる、ほとんど十余年なり。その後この山（正受庵）に遁居《とんきょ》（隠棲）し、惟道《このどう》（仏道）これ保つ。今既に七十に向《なんなん》とす。中間四十年、万事を抛下《ほうげ》し（投げ捨てて）、世縁を杜絶《とぜつ》し（俗縁を断ち）、専一に護持将来し（もっぱら仏道を護持し）、漸《ようや》く茲《ここ》五六年来、正念工夫の真箇相続を覚得せり。

（『垂語』〔弟子への教示〕）

正受慧端は、一九歳で大悟し、それを証明（授記）してもらいに江戸へ出ます。そして当時、我が国でただひとり中国の正当な禅を継承していた至道無難禅師につき、わずか一年で、臨済宗の古則公案《こそくこうあん》（禅問答集）をやりあげてしまいます。

二〇歳で老師になった天才的禅僧正受慧端の、七〇歳前後にしてようやく正念相続が身に付いたという独白は、宋、明代の看話禅《かんなぜん》を突き破り、唐代の本格的祖師禅に至ったということです。「行深般若波羅蜜多」のいかに困難であるか、よって般若心経理解のいかに困難であるか、思わず息を詰めてしまいます。

道元の『弁道話』に次のようにあります。

それ、修証《しゅしょう》は一つにあらずとおもへる、すなはち外道《げどう》の見《けん》なり。仏法には修証これ一等なり。

ここでも修行と証（悟り）は一如と主張されます。正念を相続するとは、まさに日常においてのそのままが、ほっておいても悟境から離れないということです。それを突き詰めると、「いまも証上の修なるゆえに、初心の弁道、すなはち本証の全体なり」と、とんでもないことになります。

道元は言います、「悟りを求めての修行ではなく、悟っている上での修行だから、初心者の修行ですら、本物の悟りそのものだ」と。

お分かりになりますか？　普通、無知だから学問する、迷うから悟りを求める、という順序ですが、それは道元に言わせると、日常分別世界の理屈であって、摩訶世界あるいは般若智世界から見れば、修行行為そのものが悟りの発露であって、そこに優劣や初歩熟練の分け隔てはないと。

お茶席や和室の床の間で見かける禅語では、雲門禅師の「日日是好日《にちにちこれこうにち》」がいちばん人気があるようです。

お茶の宗匠や禅僧の墨蹟など、自由に崩された字でも、「日日是好日」は読みやすいし、親しみやすい。「日々是れ好日《ひびこれこうじつ》」と読んで「毎日が好い日」と取るか、あるいは「人生には良いことも悪いこともあるが、気の持ちようで、みな好い日だ」と見るひともいます。

茶席では席主さんはどのように説明されるのでしょうか。少なくともこの言葉の前段、「十五日已前《いぜん》は汝に問わず、十五日已後の一句、道《い》い将《も》ち来たれ」を持ち出すひとは、ほとんどいないようです。
「悟りを開く前は問わない、悟りを開いた後を一句でいえ」と、悟ってもいない修行者たちが訊《たず》ねられても答えようがありません。そこで雲門、自ら答えて「日日是好日」。

この前段があると、雲門のこの言葉、なかなか手強いようです。あえて解釈すれば、悟りを開けば世の有為転変《ういてんぺん》など気にかからない、こだわらない、ということになりましょうか。なんか平板でスッキリしません。

どうも「已前・已後」の言葉に、仕掛けがあるようです。つまり悟りに前後などあるのか。道元の言葉を借りれば「証上の修」であって、まだ悟っていないような初心者でさえも悟りのど真ん中です。私たちの日常日々の営為は悟りそのものの全体作用《ぜんたいさゆう》ということになります。

釈尊の「悉有仏性《しつうぶっしょう》」であり、白隠の「衆生本来仏なり」です。本人に自覚があろうがなかろうが、仏性は一日も欠かさず私たちの日々の暮らしのなかで働いています。その厳然たる事実がまず大前提なのです。そこに一寸の疑いでもあると、悟る已前・已後という分裂が生じるのです。

したがって、「日日是好日」とは、証上の修の自覚的継続であり、正念相続の厳しい覚悟を要請するものといえましょう。

四　「照見」――すべてを心眼で見抜く

六波羅蜜のうちで最も甚深《じんじん》な、根本的な般若波羅蜜に拠《よ》って行じる時、言い換えるなら、菩薩行のうちでも最も如来性の強い般若智が打ち出されるとき、観自在菩薩は、その心眼によって、世界の本質を見抜きます。「照見五蘊皆空　度一切苦厄」――一切が空だと。そしてそのことが、同時に菩薩の真骨頂たる慈悲心の発露となって、一切衆生の一切の煩悩と厄災を除くのだ、衆生を救済するのだ、となります。

この一文はまさに、観自在の般若智と観世音の慈悲心が同時に等価に表現されています。悟りを開いた結果、慈悲心が生じるのではありません。仏道への発心が既に慈悲心の芽生えです。学問や芸術を志したりすることは、まずは個人的な問題であって、その公共性は結果によります。

しかし仏道に発心するということは、同時に普遍的な公共性を内包することになります。個人的宗教は存在しえません。内向きだけの宗教は狂信であり、外向きだけの宗教は迷信です。

般若智、仏智とは何でしょうか。むろんそれは悟りのことですが、では、そもそも悟りとは何なのでしょうか。悟らねば分からん、となるのでしょうか。

悟りとは、身心への「空」からの痛烈な打撃です。その瞬間、眠っていたものが身心のうちで劇的に目覚めるのです。ただ目覚めただけではいけません。「目覚めて在る」という身心の在り方が問題なのです。それこそが実生活における正念相続であり、甚深なる般若波羅蜜多を行じることです。それが空の全体作用としての菩薩行となるのです。

そこで、菩薩とは私たち自心《いしん》のことだ、という大乗思想に基づくなら、これはいったい私たちの問題としてどうなのだ？　ということです。

「照見五蘊皆空」の「照見」という見方は、般若智に拠って心眼で見ることですから、自在な心で見るということになります。悟りの立場から見ることとです。

自在に見るには、既に第一章で述べたように、見るひとが見る対象に捉われないことが条件になります。対象に捉われずに見ると、世界の本質は皆空なのだ、となります。空ならば、私と私のいる世界とに壁はなく、その交感交流に差し障りありません。実在と実在をぶつけるから争いになるのです。

毒語では、「照見」を「尽大地是れ沙門《しゃもん》の一隻眼《いっせきげん》」と言っています。

「尽大地」とは、宇宙の一切合切、眼球網膜に映る森羅万象です。それが見られる対象です。一方、見る方は「沙門の一隻眼」です。沙門は出家者ですが、ここでは悟ったひとです。悟ったひとの眼は、二つある肉眼の他《ほか》もう一つある悟りの眼、心眼であり、それを「一隻眼」といいます。隻は一元ですから、二元的に見ない絶対の立場です。よって、「照見」とは、悟りの絶対の立場から、日常相対世界、私たちがウロウロしているこの娑婆《しゃば》世界、迷妄無知世界を照らします。無明を照らして、本来在るべき姿を出現させるのです。あるいはそのように私たちに示すのです。

禅宗では、悟りを開くと「片目（一隻眼）が開いた」といいます。さらに、その悟りの境地に満足してグズグズしていると、「片目しか開いておらん」と言います。

「陳操具隻眼」という禅問答。

陳操尚書《ちんそうしょうしょ》が資福和尚に会いにやって来た。
資福は、陳操が来るのを見て、（庭の地面に杖で）一円相を描いた。
陳操、「私の如き未熟者が和尚にお会いしたく参ったのも、ただ恥ずかしい限りですが、何やら一円相を描いて禅問答でも始められるご様子。ひらにご容赦を」。
資福は何も云わず、居室の扉を閉めて引っ込んでしまった。
雪竇《せっちょう》禅師の批評、「陳操はただ片目しか開いておらん」。

（『碧巌録』「陳操具隻眼」）

陳操は睦州《ぼくしゅう》（臨済の兄弟子《あにでし》）に参じた大居士で、尚書（宮廷秘書官）です。身分も高く教養があり、禅にも通じていました。よって、資福和尚のところへは手ぶらでは来ません。自己の悟りの境涯を試してやろうと、腹に一物持っているわけです。ここからして既に檀那芸なのです。プロの資福にすぐ見破られます。資福は伝家の宝刀である一円相を描きます。いわばワナを張ります。案の定、引っ掛かりました。

「弟子、恁麼《いんも》にし来る。早く是れ便《びん》を得ず。如何《いかに》に況《いわん》や、更に一円相を画《かく》すをや」と、わけの分からんことを言っています。

わけが分からんけれども苦労して代弁しますと、「私のような禅のゼの字も知らない未熟者が、こうして老師様にご面会にあがりましたのに、まだご挨拶もせぬ間に、いきなりお説教臭い一円相などお描きになって、困惑の限りでございます」となります。

しかしその腹は、「真空無相の禅を体得している私に、一円相など余計な子供だましは通じませんよ」というところでしょう。資福はバタンと戸を閉めて消えてしまった。真空無相の何たるかを、没蹤跡《もっしょうせき》の境涯で示しました。真空無相も禅も、跡形なく消えました。

自分だけが悟って満足する一隻眼に対し、他者を悟らせようとする資福のもう一つの心眼が光っています。

五　「五蘊皆空　度一切苦厄」――実体がないから執着がない

五蘊《ごうん》皆空の蘊は、草を束ねて蒸れた状態だそうです。よって集合体の意味です。色《しき》・受《じゅ》・想《そう》・行《ぎょう》・識《しき》の五つの構成要素で、色が身体を含めた物質現象、残りは心作用ということになります。つまり五蘊は人間の場合は、身心にあたります。

五蘊はみな空だと言われると、受・想・行・識の四蘊は心作用ですから、実体のない空なんだと理解されます。しかし、色蘊は肉体のことですから物質としての実体がありますつねれば痛い。それなのに、五蘊は全部空だと断定されてしまいました。

とすると私たちは、元来カラッポという意味の空について、もう少し掘り下げねばならないようです。

大乗の二大テーマ、般若智と慈悲心は、ともに空という自由度から成り立っています。仏教の根源に空思想があるということは、「ああそうか」という分別知ではかたずかないということでした。

ここで道元の剛腕、力ずくの解釈を紹介しましょう。

観自在菩薩の行深般若波羅蜜多時は、渾身《こんじん》の照見五蘊皆空なり。五蘊は色受想行識なり。五枚の般若なり。照見これ般若なり。

（『正法眼蔵』「般若波羅蜜」）

「観自在菩薩」は上求菩提《じょうぐぼだい》の如来性であり、「観世音菩薩」は下化衆生《げけしゅじょう》の菩薩性ですが、道元は、「観自在菩薩が深般若波羅蜜多を行じる時」とは読まず、ひと息に「観自在菩薩の行深般若波羅蜜多時は」と読みます。

つまり如来の絶対性を強調して、観自在菩薩と行深般若波羅蜜多時とが一体になってしまうのです。一体ですから、渾身の照見は、すなわち全身全霊の全体作用になります。それはとりもなおさず、一元観であって、見ることがそのまま見られる対象物ですから、照見は、一点隈《くま》なく見透《みとお》すことになります。それが闊達自在という般若智の機能です。なにも引っ掛かるものがありませんから、観自在菩薩自身が五蘊皆空となります。五蘊は「五枚の般若」であって、五蘊とは空性の般若智の五様の現れになります。よって照見も般若を当体として空性のハタラキであることは言うまでもありません。それを渾身の照見といいます。

五蘊皆空で身心に実体がなければ、私たちがいだく物心への愛着も、また一時の幻覚みたいなものです。幻覚なら必ず目覚めます。それが愛着という苦厄からの解放になります。度は済度で、救う、解放するの意です。

ちなみに五蘊とは、改めて次の通り。

色蘊＝物質現象、形象一般。大小、色彩、音韻など。

受蘊＝物質現象を感受する。苦楽、快不快など。

想蘊＝感受した現象を意識によって概念化して決定する。例、冷たい↓水。

行蘊＝行動の方向を決める意志。

識蘊＝判断材料を知識として蓄える。六識に分かれる。

さてそこで、釈尊が五蘊皆空をどのように説いたか、阿含経《あごん》を見てみましょう。

比丘たちよ、見よ、ガンガー（ガンジス川）の流れが、大きな渦巻きを生じて流れている。人間もまたちょうどこのようなものだ。

眼《まなこ》ある人は、これを見てありのままに観察するがよい。そこには、所有なく、実体なく、また堅固なるものもない。

色は聚沫《じゅうまつ》のごとくである。
受は水泡《すいほう》のごとくである。
想は陽炎《かげろう》のごとくである。
行は芭蕉《ばしょう》のごとくである。
識は幻事《げんじ》のごとくである。
日種《にちしゅ》の尊者は説きたまえり。

（註）芭蕉＝芭蕉の葉は繊維がばらばらになることから、実体のないこと。日種＝太陽神の子孫の王統の意。古代インドの王統は日種と月種に分かれ、釈迦族（シャーキヤ）は日種に属す。

＊寄り道コラム②「抽象画は観自在画」

一般的に絵画には、具象画と抽象画があります。具象画はその対象物によって、風景画や静物画や人物画に分かれます。一方、抽象画はその技法によって、ほとんど無数のジャンルがありますが、簡単に言うと具象画は何が描いてあるか分かるもの、抽象画は分からないものとなります。

なぜ、抽象画は何が描いてあるか分からないのでしょう。それは、抽象画の「抽象」とは、絵画から対象物を抽《ぬ》きだす、排除することだからです。

角川『新字源』によると抽象とは「具体的な物事や、観念に共通する性質をぬき出して一つの概念にまとめること」となります。絵画の場合、風景画から風景を、静物画から花や陶器といった物品を、人物画から人物を消去してしまうのです。

その結果、絵画は具体的な事物を説明する、より真実らしく見せるという、対象物への隷属をやめて、線と色彩と構図のみの純粋な絵画表現に徹することができます。

その結果、抽象画の表現、あるいは表現の観点は極めて自由自在になったのです。絵画は抽象化によって「観自在画」になったのです。

この、抽象画というジャンルは一九世紀までありませんでした。二〇世紀初頭、初めて確立され、いわゆる現代絵画、前衛絵画という立場を鮮明にしました。
その抽象画の創始者は、ロシアのワシリー・カンディンスキーという画家です。彼が抽象画を「発見」した瞬間はなかなか興味深いものです。

ある日、たそがれも押し迫った時刻に、カンディンスキーは習作を終えて家に帰ってきた。そして不意に足を止めた。目の前に「えもいわれぬほど美しく、内面的な白熱にみちた」一枚の絵があったからだ。画面はフォルム（形式、形象）と色彩があるだけで何が描いてあるのか判らなかった。かれは急いで歩みよった。意外にもそれは、横にして壁にもたせかけてあった自分の絵だった。翌日かれは、昼間の光線で、昨日の印象をもう一度絵のなかにみつけだそうとしたが、無駄であった。横にしてみても、依然として描かれている対象が、何であるかはっきりと判る。たそがれ固有のあの美しい紺青《こんじょう》の色が、失われてしまったからである。カンディンスキーはこのとき悟った。「自分の絵を駄目にしているのは、対象だ」と。

（カンディンスキー著『抽象芸術論』）

カンディンスキーもこう言っています。「学生時代に描いた僕の気にいった絵は、よく描けたと思っても、やはり不満がのこったものだ。対象が僕を邪魔するのだ。僕はいつか対象のない絵、しかも装飾模様に陥《おちい》ることのない、そうした絵を描きたいものだ、と考えていた」。

カンディンスキーは、一九〇九年、ミュンヘンで結成された「新美術家協会」の会長となり、『青騎士』という年刊誌を発刊、その呼びかけでミュンヘンにおいて美術展が開催されました。そのプログラムには驚くべき当時の前衛画家たちの名がみえます。「ピカソ、ブラック、ドラン、ヴァン・ドンゲン、ヴラマンク、ルオー、クレー」など。

さらに、現代日本の抽象画家のトップクラス、宇佐美圭司『デュシャン』から引用します。

一九一〇年から一九一四年、大戦（第一次世界大戦）を前にして一種騒然とした表現運動の加速度的状況のさなかにあった。カンディンスキーが対象から完全に自立した抽象絵画に到達するのも、モンドリアンが風車や木といったものの抽象表現の末に、ついに空間そのものを還元し、水平と垂直の直交格子《こうし》の構成に到るのも、この時期である。

最後に私見を述べます。じつは私も日本画画材（雲肌麻紙《くもはだまし》、岩絵の具、水干《すいひ》絵の具、墨、金銀箔など）を使って、二〇年あまり抽象画を描き続けてきました。（個展のタイトルは「禅の抽象」です。）

それは自分の表現したい世界と画材とのあくなき闘いです。つまり現在、私が思い通りに描ける、観自在に絵の具を扱うに至ったのは、やっとここ数年のことなのです。私はそこからやっと私の絵画の出発点に立ったのです。そのささやかな経験から一言《ひとこと》付け加えさせていただきます。

抽象画は、対象を離れた瞬間から、「出鱈目《でたらめ》画」という価値混乱と紙一重《かみひとえ》の立ち位置になります。具象画における画技修練が不要となって絵がヘタでもよくて、誰でも好き勝手に今日からいっぱしの抽象画家になれるのです。

よって作品の評価基準はまったく定まらなくなりました。絵の具を紙にぶちまければアクションペインティングと称してもいいのです。（興味ある方は、アクションペインティングの祖、ジャクソン・ポロックの苦闘の生涯をお調べください。）

しかし私は、抽象画にこそ厳しいリアリティが要求されると確信しています。カンディンスキーがそのことに一番早く気づいていました。彼は、抽象画は自己の生命と「宇宙の生存の法則」が一致しなければならないと言い続けました。「宇宙の生存の法則」とは神《ゴッド》という絶対神ではなく、宇宙全般を司《つかさど》る原理、名付けようのない命のことです。仏教では、般若であり仏性であり、真如だということです。

抽象画家とは、実はその意味で、身心一如という精神的世界観を表現する、極めて高度な画技のテクニッシャンでなければ、まったく成り立たない、まったく割に合わないマイナーな稼業なのです。一生を台なしにする覚悟がいる世界です。

第三章　「色即是空　空即是色」は般若心経の一枚看板

「舎利子　色不異空　空不異色　色即是空　空即是色　受想行識　亦復如是」

（舎利子《しゃりし》よ、色《しき》は空に異ならず、空《くう》は色に異ならず、色は即ちこれ空であり、空は即ちこれ色である。受想《じゅそう》行《ぎょう》識《しき》も、またかくの如し。）

一　「舎利子《しゃりし》」——舎利弗《しゃりほつ》・シャーリプトラ

この般若心経は、いきなり観自在菩薩が登場し、悟りの境地をもって、あらゆる存在するものの本性には実体がないと見抜いた、と宣言します。さらに、これもいきなり舎利子よ、と実在した仏弟子に呼びかけて説法を始めるわけです。きわめて不自然であり唐突の感が否めません。

実は、般若心経には、大本と小本があります。いまわれわれが読んでいるのは小本ですが、大本には、他の仏典同様にちゃんと説法開始にあたっての状況説明があり、またエンディングもあるのです。以下、中村元の岩波文庫の翻訳（以下、中村本と略称）に沿って紹介しましょう。なお固有名詞は般若心経に準じて漢訳を表記します。

このようにわたしは聞いた。あるとき世尊は、多くの修行僧、多くの求道者（在家）とともに王舎城近郊の霊鷲山《りょうじゅせん》に在《ざい》した。このときの世尊は、深遠な悟りと名づけられる瞑想に入られた。そのとき、すぐれた人、求道者、観自在菩薩は、深遠なる智慧の完成を実践しつつあったときに（行深般若波羅蜜多時）、（中略）舎利子長老は、仏の力を承《う》けて、観自在菩薩にこのように言った、「もしも誰か、ある立派な若者が深遠な智慧の完成を実践したいと願ったときには、どのように学んだらよいであろうか」と。

（この質問に観自在菩薩は次のように答えます。）

「舎利子よ、次のように見極めるべきである――《存在するものには五つの構成要素がある》と。そこでかれは、これらの構成要素が、その本性からいうと、実体のないものであると見抜いたのであった」。

（中村元・紀野一義『般若心経・金剛般若経』）

このように出だしは小本とまるで違いますが、こうなると分かりやすいですね。

とはいえ、高位の大菩薩である観自在菩薩が、釈尊をさしおいて、実在の釈迦十大弟子のひとり、舎利子に語りかけるというのは、やはり現実離れした唐突な話です。まさに大乗経典の真髄といってしまえばそれまでですが、では、あまたいる仏弟子の中で、なぜ舎利子が選ばれたのでしょう。その事情を探るために、舎利子について簡単に見てみましょう。

舎利子ですが、中村本では「シャーリプトラ。釈尊の高足の弟子の一人。智慧第一といわれた。シャーリさぎの一種で、プトラは『子』という意味であるから『鶖鷺子《しゅうろし》』と訳されることがある」とあります。この註記をうっかり読むと、舎利子はサギという鳥の子供で、人間ではないことになります。

じつはシャーリは母の愛称《ニックネーム》なのです。結婚前の彼女は鷺《シャーリ》のような美しい瞳の娘と呼ばれていました。だからシャーリの子供《プトラ》もニックネームなのです。音写で舎利弗《しゃりほつ》、音写と漢訳の混合で舎利子です。

バラモン階級の裕福な家に育った舎利子は、早くからバラモン経典の英才教育を受けますが、長じてバラモン教を見限ってしまいます。

時代もバラモン教の衰退期で、あまたの自由思想家たちが活動し、なかでも六人の思想家（六師外道《げどう》）が著名でした。舎利子はそのひとり、刪闍《さんじゃ》師（サンジャヤ）の教団に友人目連《もくれん》（モッガラーナ）とともに入りました。しかし、この刪闍師は懐疑論者であって、あらゆる哲学命題を疑った結果、自論をも疑うというジレンマに陥り、舎利子たちは深い失望を抱いていたのです。

そんなある日、舎利子は王舎城の町でひとりの比丘が托鉢するのを見かけます。そのひとこそ釈尊の最初の五人の弟子（五比丘）のひとり、阿説示《あせつじ》（アスヴァジット）師でした。舎利子は、彼の威厳に驚いて「あなたの師はどなたですか、その教えはどのようなものですか」とせきこむように訊ねました。

阿説示師は、釈尊の教えとして、縁起の法の片鱗を詩偈《しげ》にして説きました。舎利子はたちどころに理解し歓喜したといわれています。若い舎利子には、たとえ釈尊の仏法の本質は分からずとも、そこから放たれる真理の光を見て取ることができたのでしょう。そこに、のちに智慧第一といわれた舎利子の面目があります。

舎利子と目連が釈尊に入門した時期は、釈尊がガヤー（ブッダガヤー）の山林を出てネーランジャラー川（尼連禅河）のほとりの菩提樹下で成道し、二〇〇キロ西の鹿野苑において五比丘に初転法輪の説法をし、再び王舎城に戻って、竹林精舎に安居《あんご》している頃といわれています。成道から一、二年後の若き釈尊のもとで仏弟子となったわけです。

舎利子と目連を初めて見た釈尊は「見よ、あちらからふたりの友がくる。彼らはやがて、わが比丘衆にあって、ともに上座（長老）となるであろう」と予言し、まさに教団にはなくてはならない存在となりました。さらに釈尊は、舎利子について口を極めて褒《ほ》めたたえています。

比丘たちよ、舎利子は我が子も同然である。口より生まれ、法より生まれ、法の成ずるところ、法の後継者にして肉の後継者にあらず。比丘たちよ、舎利子は如来によって転ぜられた無上の法輪を、まさに正しく随って転じゆく。

これは十大弟子のうちで、智慧第一とされた舎利子の姿そのものであり、また幼少よりずばぬけた秀才であった舎利子の当然の姿でもあり、般若心経において観自在菩薩の指名にあずかるに当然の人材であったと納得されます。

しかし、釈尊在世中、釈尊の法を実際に継いだのは摩訶迦葉《まかかしょう》ただひとりという事実も見逃せません。摩訶迦葉こそが釈尊の悟りの境地、般若智の体現者であったということを認識すべきでしょう。

では舎利子の智慧第一の智慧は、般若智ではないのかということになりますが、その問題は、ここで述べるには私の舎利子への理解があまりに不足しています。ただここでは、摩訶迦葉というひとが舎利子と正反対なひとであったことを指摘したいのです。才気煥発な舎利子と、まったく目立たない潜行密用《せんぎょうみつゆう》の頭陀行《ずだぎょう》に徹した摩訶迦葉のうち、釈尊が地味な摩訶迦葉をどうして後継者としたのでしょうか。

現実的問題としては、舎利子が釈尊より先に世を去ったこともあったでしょう。しかし仏法の問題としては、法の継承には厳然たるものがあります。

摩訶迦葉も裕福なバラモンの出ですが、舎利子らにやや遅れて仏弟子となりました。このひとは、その最初から特別の風格を持ち、釈尊は弟子としてより賓客として遇していたといわれます。それは頭陀第一といわれた摩訶迦葉の徹底した生活にあります。糞掃衣《ふんぞうえ》を身にまとい、乞食《こつじき》し、一日一食一鉢《ぱつ》のみの食事をとり、樹下、露地、墓地などの野外で過ごし、終日けっして横にならない。これに徹していました。説法もしなければ論争もしません。さすがの釈尊も根負けして言いました。

摩訶迦葉よ、そなたはもう年だ。体もだいぶ衰えてきたようだ。そんな糞掃衣のようなボロを着ていては重たかろう。摩訶迦葉よ、そんなものは脱ぎなさい。供養の食事に招待されたら受けなさい。そしてなるたけわたしのそばにいるがよい。

無欲な人間は、かえって扱いにくいといいますが、まことに摩訶迦葉は無欲以上です。

師よ、常に現にこのようにしているのが、わたしには心楽しいのです。また後進のものの指標になるなら、これもまた心嬉しいのです。

さらに、摩訶迦葉がいかに地味で目立たないか、その修行を誇らず、黙々と行じていたか、次のエピソードが物語っています。

摩訶迦葉と阿難が祇園精舎に滞在していたころ、阿難は気の進まない摩訶迦葉を無理に誘って比丘尼の精舎に説法に行きました。そこで先輩格の摩訶迦葉が説法をすることになりました。するとひとりの比丘尼が「ここには阿難尊者がおられるのに、尊者の面前でよくも説法ができますね。それではまるで、針商人が針作り職人に針を売りつけるようなものですよ」と非難しました。

もっともなことで、当時阿難は多聞第一といわれ、釈尊の説法をすべて記憶して説くことができましたし、釈尊の側近中の側近ですから、尼さんたちのアイドルで、釈尊に会うと同じくらいうれしいことなのです。不愛想で汚い老人、摩訶迦葉などまっぴらです。摩訶迦葉は比丘尼にそういわれると、阿難のほうに振り向いて、「おいおい、われらはいったいどっちが、針職人でどっちが針商人なんだろうね」といって苦笑しました。

むろん、釈尊丸写しの説法をする阿難が針商人で、釈尊の仏法を会得している摩訶迦が針職人なのは自明の理です。

よって、摩訶迦葉というひとは仏典に華々しく登場するには地味すぎるのかもしれません。智慧第一の舎利子こそ観自在菩薩の相手にふさわしいといえましょう。

ただ、智慧第一といわれた舎利子の智慧と、摩訶迦葉の般若智とが、同じ境地かどうか、やはり判別しがたいのですが、ひとつの禅問答を披露して、私なりの感想とします。

白雲が五祖法演に語って云った、「数人の禅客が廬山《ろざん》よりやってきたが、皆いずれも悟った者ばかりだった。彼らに説法させたら、なるほどもっともである。古人の問答を示して宗旨を問うと、みな立派に答えた。そこへ下語《あぎょ》（適切なコメント）させると上出来である。ただ要するに未在《みざい》、まだまだだ」。

（『葛藤集』「白雲未在」）

禅客とは、その道場の修行者ではなく諸国行脚《あんぎゃ》をしている雲水です。道場破りです。やってきた禅客はみな修行が出来上がっています。エリート中のエリート集団です。そこを、白雲禅師が「未在」だと指摘するのです。いかにもエリート臭い。悟りに居坐っていて鼻持ちならんというのです。ひとりくらい「存じません、まだ修行中の身です。恐れ入りました」と、トボケ通す手練《てだ》れがいないものかと嘆くのです。

潜行密用、まったく迷悟など忘れ果てた境涯こそ本物です。このエリート禅客たちのように、智慧第一と言われてしまうところに、舎利子の智慧の質の問題があるのかもしれません。竹村牧男著『般若心経を読み解く』（以下、竹村本）では手厳しい見解を述べています。

「智慧第一の舎利弗が観自在菩薩に質問し、教えを受けるとされているのは、声聞の智慧も大乗の智慧にはまったくおよばないのだということを表現しているのではないでしょうか。いくら舎利弗は智慧第一だと言っても、大乗の般若波羅蜜多の智慧は、それをはるかに超えるものだということです」。

ちょっと言い過ぎでは？　と舎利子のために同情したくなりますが、般若心経によって標榜された般若智はそれほど厳しい世界だということでしょう。

ついでに同じ仏弟子で舎利子の叔父、倶絺羅《くちら》（クチッタ）、通称、長爪梵志《ちょうそうぼんし》を紹介しましょう。これも相当の変人です。名前もややこしい。

倶絺羅は、舎利子の母シャーリの弟です。彼はバラモンの論議師でしたが、あるときシャーリと教義論争をして、信じがたいことに破れました。ときにシャーリは舎利子を懐妊中であり、賢人を懐妊中には母も賢くなるという言い伝えがあり、生まれてくる子供がただものではないと知りました。

しかし論争に敗れたのは事実ですから、ついに発奮してバラモン教義（ウパニシャッド哲学）をマスターするまでは爪を剪《き》らないと誓いました。その結果、バラモン教義をマスターした倶絺羅は「長い修行の結果、あらゆる論議を破ることができる」と豪語していました。

それを聞いた釈尊に、「倶絺羅よ、そなたは一切の論議を認めないというが、認めないという自説を認めているではないか」と矛盾を指摘され、議論の虚しさを知り釈尊の仏弟子になりました。これが「長い爪のインド人（梵）の志」というニックネームの由来です。

白隠、毒語の「舎利子」の偈に次のようにあります。

智は是れ祇園の第一枝　長爪を驚奔《きょうほん》す托胎の時
親しく大士（菩薩）に参じて此の典を留む　羅睺《らご》の教師　鶖《しゅう》女の児
（舎利子の智慧は祇園精舎第一だ。舎利子が母の胎内にいるとき、長爪梵志を驚かせて修行へと奔走させた。親しく観自在菩薩の教えに遇って、この般若心経を後世に残した。舎利子は釈尊の息子、羅睺羅《らごら》の家庭教師であり、鶖女《シャーリ》の子だ。）

また、相国寺創建開山普明《ふみょう》国師（春屋妙葩《しゅんおくみょうは》、室町時代）の偈に次のようにあります。

衲僧剪爪《のうそうせんそう》して爪功《そうこう》無し　学道の身心疾《と》きこと風に似たり
若《も》し夫《そ》れ暫時《ざんじ》も軽く放過せば　依前として有無《うむ》中に落在せん
（近頃の僧侶は爪を剪り身だしなみばかり気にして、長爪梵志のような勇猛心《ゆうもうしん》をなくしている。仏道を学ぶ者にとって人生は風のように速く過ぎ去る。もし仏道修行を少しでも軽く考え怠れば、依然として迷いの中に落ち込んだままであろう。）

禅宗には教義やその典拠となる所依《しょえ》の経典はありませんが、スローガンがあります。

『禅学大辞典』をひいてみましょう。

〈直指人心《じきしにんしん》、見性成仏《けんしょうじょうぶつ》〉人の心そのものを直指し、自己の心性が仏性にほかならないと自覚することが、成仏であること。

〈不立文字《ふりゅうもんじ》、教外別伝《きょうげべつでん》〉教家の人達が、経論《きょうろん》の文字や教説のみを主とし、仏教の真精神を失っているとみなし、禅家では、真の仏法としての正法《しょうぼう》は単なる文字や経教によらず、心から心へと伝えられたものであるとして、体験を重んじ、教外別伝、不立文字を主張した。

舎利子の話から目を転じて、世尊から摩訶迦葉へ、摩訶迦葉から阿難へ法が伝わるシーンを、問答で見てみましょう。

世尊が霊鷲山《りょうじゅせん》におられたとき、蓮の花を持って修行者たちに示した。
この時、修行者たちは、その真意が分からず沈黙していた。
ただ摩訶迦葉だけがニッコリと微笑した。

世尊、「わたしに正法眼蔵《しょうぼうげんぞう》、涅槃妙心《ねはんみょうしん》、実相無相《じっそうむそう》、微妙《みみょう》の法門あり。不立文字、教外別伝の法を、摩訶迦葉に委嘱したぞ」。

（『無門関』「拈華微笑《ねんげみしょう》」）

釈尊一代の仏法の当体は、たった一輪の花によって示されました。「山川草木悉皆成仏《さんせんそうもくしっかいじょうぶつ》」だから、一輪の花にも仏法があるぞと示された、という解釈もありますが、それは学者の教相判釈《きょうそうはんじゃく》を出ないでしょう。このお話のツボは摩訶迦葉の「破顔微笑《はがんみしょう》」にあります。

摩訶迦葉が「世尊よ、そんなことはとっくに心得ています」とばかりにニコリとしたのではありません。そんな優越感に浸るような摩訶迦葉ではないのです。この破顔微笑の真意こそが釈尊の仏法が伝法された何よりの証拠です。ではその真意とは？

なお、この禅問答（公案《こうあん》）は、老師との室内の調べでは、「破顔微笑の真意」を解決したあと、「正法眼蔵とは？」、「涅槃妙心とは？」、「実相無相とは？」、「微妙法門とは？」と畳みかけてくるのです。

釈尊から摩訶迦葉へ伝わった仏法は、今度は摩訶迦葉から阿難（阿難陀）に伝わります。そのシーンは次の通りです。

阿難が摩訶迦葉に訊ねた。
阿難、「世尊は金襴の袈裟以外に、何かあなたに伝えましたか」。
摩訶迦葉、「オイ、阿難よ」。
阿難、「ハイ」。
摩訶迦葉、「(伝法は済んだ) 門前の幡竿《はたざお》を片付けよ」。

(『無門関』「迦葉刹竿」)

これも奇々怪々な話です。「オイ」と呼んで「ハイ」と答える、その瞬時のなかに仏法の妙用《みょうゆう》があるというのです。まさに教外別伝、以心伝心というべきでしょう。ただしこの阿難のハイ(応諾《おうだく》)には、二十年以上の苦修苦参の血涙があるのです。摩訶迦葉はそれを十分承知していますから「門前の刹竿《せっかん》を倒著《とうじゃく》せよ(一滴残らず伝えたぞ)」と証明したわけです。

これによって阿難は第一回仏典結集に参加資格を得て、長老たちに釈尊の説法を誦出して、その内容の正しいことを承認してもらったわけです。

二 「色即是空　空即是色」——この反転、どこがどう違う？

いよいよ般若心経の本題に入ってきました。

まず「色不異空　空不異色　色即是空　空即是色」と主題中の主題で始まります。先に結論が出てしまったようなものです。あとはこの結論の補足のようなものです。物質現象としての色と、それを全面否定する空とが、「不異」と「即」によって一元化されます。同じことだというのです。それが洞察（照見）できたなら仏法は卒業です。卒業して、次にはその洞察力によって世に生きていくわけです。

問題は、「色即是空」と「空即是色」と、なぜ色と空が上下反転するのか？　数式ならA＝Bも、B＝Aもなんら変わりありません。ですから、ここでは色と空が入れ替わる意味をさぐりましょう。

まず長沙《ちょうさ》禅師の問答です。

僧が問うた、「色即是空、空即是色。この理法はいかに」。

師（長沙）は偈頌をもって答えた。

「礙《さまた》げる処は墻壁《しょうへき》ではない。通ずる処は虚空ではない。
仏性は堂々と顕現しているが、声聞に留まるやつには見難い。
もし衆生がみずから無我であることを悟れば、自分の顔はそのまま仏の顔だ」。
（心を束縛している壁など、もともとないのだ。〈色即是空〉
心が自由になったからといって、物が消えたわけではない。〈空即是色〉
仏性が堂々と顕現していても、悟っていない者には見えない。
衆生はみな無我だと悟れば　衆生がそのまま仏だ。）

（『景徳伝燈録』「長沙景岑禅師」）

色（物象）はその姿形などの現象によって、私たちの心に入り込み、主観・取捨選択・エゴの連鎖となって私たちを束縛します。物への執着です。「心を束縛している壁」です。ところが、私たちは物を現象としてしか捉えられません。物そのもの（物自体）は認識できないのです。

リンゴについていえば、その形、色、香り、味の総合条件から、自分が食べたことのあるリンゴの記憶と照合して、「リンゴだ」と認識します。よってこれらの条件を奪われたリンゴそのものは認識できないのです。なぜか？　リンゴそのものが空だからです。

リンゴそのものを知ろうとして、元素→原子→素粒子と分解しても同じです。それらの組み合わせが分かるだけで、リンゴそのものは分かりません。現代風にいうと不確定性の世界に入ってしまいます。物の本質は、組み合わせて寄り集まった状態に過ぎない空性です。よって「色即是空」です。

物の本質は空ですが、その空とは空虚、カラッポという、静止した死に態ではありません。ここでの空とは、様々な現象として世界を構成する躍動する機能（法）そのもののことです。長沙がいう「通ずる処は虚空ではない」、つまり墻壁《しょうへき》がとれたからといって、その世界が空虚なのではありません。よって「空即是色」です。

整理すると、色《しき》（物象）の体《たい》（本体）が空であり、空の用《ゆう》（機能、ハタラキ）が色です。この世界を体から見れば色即是空、用から見れば空即是色となります。

人間存在を体から見れば身心即空であり、用から見れば空としての自由なる身心です。また一方、色即是空は真空無相《しんくうむそう》の平等境であり、空即是色は真空妙有《しんくうみょうう》の差別境と見ることができます。空が妙用《みょうゆう》して初めて有たりうるのです。これを真空妙有といいます。

ふたたび卑近な例をあげれば、一本のローソクがあって、その「体」はハゼやパラフィンを原料とした円形の白い棒です。「用」は灯をともして闇を明るくすることです。そのローソクがやがて燃え尽きると「体」は消滅します。同時に闇を照らす「用」も停止します。そのように「体」の生滅と「用」の生滅は不可分です。あらゆる事物は生者必滅です。人間もまた色即是空という宿命をもって生まれ、空即是色として生き切って空に帰ってゆきます。

問答を見てみましょう。

僧が大隋《だいずい》に問うた、「劫火《ごっか》が洞然《とうねん》として大千（全世界）を俱《とも》に破壊したとき。這箇《しゃこ》（仏性）も破壊されるのですか、されないのですか」。

大隋、「破壊される」。

僧、「ならば、永遠不滅の仏性が、この世界に従って滅びることになりますよ」。

大隋、「そうだ、世界と俱に滅びるのだ」。

（『碧巌録』「大隋随他去也」）

この僧は、自分もこの世界も永遠ではなく、いつかは消滅すると分かっています。それでも自分が信じる仏性という真理は滅びないと確信しています。よって、大隋には、世界が消滅しても仏性は不滅だと答えてほしかったのです。大隋は済ました顔で、生滅そのものが仏性だと断言します。生滅を離れて仏性があるわけではありません。この僧は、色即是空とは知りながら本心はまだ納得できていません。この世界（色）が空に帰しても、空に帰しない永遠不滅な世界に執着しています。これを法理への執着、法執といいます。

僧が大龍に問うた、「色身《しきしん》（肉体）は敗壊《はいえ》します。では敗壊しない堅固な法身とはどんなものですか」。

大龍、「山花開いて錦《にしき》のようだ。澗水湛《たた》えて藍《あい》のようだ」。

（『碧巌録』「大龍堅固法身」）

肉体は死ねば腐り、焼けば灰になります。では、永遠の真理である仏法の体《たい》、すなわち敗壊しない堅固な法身とはどんなものですか。大龍は答えます。山々は錦のように花咲き乱れ、谷は水を湛えて藍のようだ。

この自然描写は「堅固法身」とどんな関係があるのでしょう。大龍は言うのです、「あんたは、この息をのむような素晴らしい風景を前にしても、敗壊だの堅固だのと無駄口をたたくのか」と。

「色身は敗壊す」で、この僧も色即是空の法理はわかっていますが、永遠不滅の堅固法身など持ち出して、空に徹底しきれません。目前の自然界がそのまま諸行無常なる生滅の現前です。真空妙有の命です。命とは、生じたものは必ず滅するという妙有なのです。空即是色の風光です。

それにしても、このふたりの質問僧が、這箇（これ、仏性）や堅固法身といった永遠性に拘《こだわ》る気持ちが分からないでもありません。なぜなら宗教は天国や極楽といった来世を保証する傾向があり、人生がこれ一回限りという恐怖、宿命観を超えさせようとするからです。しかし方便は別として、釈尊もまた禅僧も、今ここで、自分のこの現実を見極めて生きるしかないと強調するのは、まさに命が有限だからであって、来世へと逃避分裂することを危惧するからなのです。

道元を見ましょう。

色即是空なり　空即是色なり　色是色なり　空即空なり

「色是色、空即空」は端的な指摘です。色も空も同じことだから、色から見れば森羅万象が色で埋め尽くされるし、空から見れば空すら空じられている、となります。是と即とは行きがかり上の上下転換スイッチにすぎません。本来不要です。これが道元の見方です。白隠の毒語です。

色、空を遮《さえぎ》らず、空体色　空、色を破るに非ず、色身空
色空、不二の法門の裡《うち》　跛鼈《はべつ》、眉を払って晩風に立つ
（色は、すべてを空と観ることの妨げにならない。色を離れて空はない。すべてを空と観ても、森羅万象が消えてなくなるわけではない。肉体がそのまま空だ。それを不二の法門という。足なえのスッポンが化粧して夕涼み。そんなばかな、と思うなかれ。色にも空にも捉われなければ、すべて在るがままだ。）

三　「受想行識」——残りの四蘊も、色蘊と運命共同体

「受想行識　亦復如是《やくぶにょぜ》」です。すなわち不二の方程式である「色即是空、空即是色」はそのまま、受想行識の心作用にも当てはまるのです。例えば「受即是空、空即是受」のように。身体と心は運命共同体なのです。これは、わりあい納得しやすいのではないでしょうか。

先に述べたように私たちの心は、すべて物質現象との交感によって成り立っているわけ

ですから、色と空との相関性は、そのまま心作用にも成り立つわけです。空性の一事あっての身心一如です。

そこで、道元が中国・天童如浄のもとで開悟したときのエピソードを取り上げます。

ある日、坐禅中に居眠りしている雲水を叱責して如浄が言った、「坐禅は身心脱落でなければならん。ただ居眠りしてどうするか！」。それを傍らで聞いた道元は豁然《かつねん》として大悟した。そしてすぐに如浄の居室におもむいて焼香した。

如浄、「どんなつもりで焼香するのか？」。

道元、「身心脱落しました」。

如浄、「身心脱落、脱落身心」。

道元、「これは暫時の技量です。和尚、みだりに私を印可しないでいただきたい」。

如浄、「わしはおまえをみだりに印可などしない」。

道元、「みだりに印可しない、その真意は？」。

如浄、「脱落、脱落」。

このエピソードは道元側の証言であって、この場面の客観的傍証、つまり如浄側の記録はないようです。いずれにせよ道元本人が「ついに如浄に参じて一生参学の大事はここに終わった」と堂々断言していますから、間違いないでしょう。あとで印可状ももらっています。

この問答、実は私なりに勝手な解釈を付けてみたいのです。

隣りの居眠り雲水が、如浄に「坐禅がそのまま身心脱落だぞ！」と怒鳴られた瞬間、道元は豁然大悟、ハッと悟りました。坐禅する身心がそのまま脱落の妙境です。空性においての身心一如の自覚です。身心がカラリと脱落して、空に徹した瞬間です。法理でいえば「色即是空」です。ここでは身（色）と心（受想行識）の五蘊皆空です。臨済禅的には見性入理です。

道元は、喜び勇んで如浄の居室に身を投じて「身心脱落しました（見性大悟しました）」と報告。如浄は何を言うかと思いきや、親切にも「身心脱落、脱落身心」と言わんでもいいヒントを出しました。つまり「身心脱落だけではダメだ。それは見性入理までだ。脱落身心の一事がまだあるぞ。見性悟道の苦修がこれから始まるぞ」というわけです。

道元はいかに天才とはいえ、まだ二十五歳の青二才です。身心脱落には至りましたが、後の道元の「本証妙修」という素晴らしい境地、空即是色には至っていません。

その証拠に、よせばいいのに「和尚さん、仮にも悟っただけの私に安易に印可状など出さんでください」と余計なことを口走ります。それは印可してくれと言うに等しいのです。なにせ、道元は中国の臨済宗道場を回って各派の印可状を閲覧していますから、かなりの印可マニアです。如浄は内心、「こいつ青いな」と苦笑したでしょう。

如浄は「安易に印可などせんよ、安心しなさい」というわけです。すると道元は、まだ印可にこだわって「安易に印可しない真意とは？」と迫ります。如浄もさすがに困りはて、「脱落、脱落」と念を押しました。余計なことを考えるな。ひたすら脱落の境涯に生きよ、です。

「身心脱落」が「脱落身心」へと展開しなければ宗教になりません。身心脱落、すなわち見性入理などあくまで個人の内向き出来事で、そこから「脱落した身心」が現実娑婆《しゃば》世界の真只中で縦横に活躍をしなければなりません。それが見性悟道です。観自在菩薩の世界です。

以上、私なりに勝手に道元開悟のエピソードをいじりました。これを臨済宗では拈弄《ねんろう》といって、理（高邁な抽象理念）を事（卑近な具体事実）へと引き摺り出して、わざと貶《おとし》めます。拈《ひね》って弄《もてあそ》ぶのです。

身心脱落だけでは使い途《みち》のないひとり相撲です。ましてや印可状などもらうと、「わしは仏祖の法脈に列せられた」などと慢心するのがオチです。しかし、私のささやかな道元いじりなど、『正法眼蔵』の前では屁の突っ張りにもなりません。『正法眼蔵』こそ、居並ぶ仏祖を堂々と拈弄した偉大な祖録です。

ただあえて惜しむなら、この異常なまでの禅的天才は、言葉が溢れすぎて、ついに誰も理解不能なところまで自身を追い詰めたということです。言い換えるなら五十三歳という円熟期で歿したがために、『正法眼蔵』を捨て去るまでの老境に至らなかったということです。道元八十歳のトボケぶりが見たかったと私は惜しむのです。

空についての考え方を空観《くうがん》といいますが、はじめから空観が成立していたわけではありません。時代に沿って見てみましょう。

「初期経典時代」

釈尊は空ではなく三法印――諸行無常、諸法無我、涅槃寂静――として説きます。

その第一は、「諸行無常」です。「行」とは修行や行為ではなく、「作られた物」の意です。

世尊よ、この世の物象にして、何か永久不変のものがありますか。

比丘よ、この世の物象に永久不変なものはまったくない。

（『増一阿含経』）

第二は、「諸法無我」です。

我《われ》というものはない。また、我が物という物もない。既に我なしと知れば、何によって我が物があろう。もしこのように理解することを得れば、よく煩悩を断つことができる。

（『雑阿含経』）

無常も無我も「縁起の法」につながってきます。

・万物の在り方は、互いに網の目ように何重にも複雑に関係しあっている。
・万物の在り方は、互いに依りかかりあっていて完全に自立しえない。
・万物の在り方は、原因と結果に支配される「因果律」をもつ。

釈尊はこのように理路整然と縁起の法を説いたのではなく、具体的に「苦は老死に縁って起こる。老死は生に縁って起こる……」と説いたようです。この縁起の法が、大乗の空観に発展していきます。
最後に三法印の第三、「涅槃寂静」です。

世尊は言われた。
「ウパシーヴァよ。よく気をつけて、無所有をめざしつつ、『何も存在しない』と思うことによって、煩悩の激流を渡れ。諸々の欲望を捨てて、諸々の疑惑を離れ、妄執の消滅（涅槃寂静）を昼夜に観ぜよ」。
（『ブッダのことば』）

「部派仏教時代」
諸行無常　物は瞬間に生滅を繰り返すが、その瞬間には物は実在する。
諸法無我　物は集合体であり実体がないが、集合体の構成要素そのものは実在する。
涅槃寂静　仏教教団は涅槃の境地を最高目標としてヨーガ、瞑想に努めた。しかし、王侯・富豪の庇護のもと、高踏独善的な生活を送り、思想は有論に傾く。

「大乗経典時代」

『維摩《ゆいま》経』（文殊の病気見舞い）
文殊、「あなたの家はカラッポですが、ご家族はいないのですか」。
維摩、「仏国土はすべて空です」。
文殊、「どうして空なのですか」。
維摩、「空性として空なのです」。
文殊、「空性の中に何かまた空なるものがありますか」。
維摩、「ものを認識することが空性だから空です」。
文殊、「空性が認識され得るのですか」。
維摩、「その通り。だがその分別がまた空であって、空性が空性を認識できません」。

『金剛般若経』
一切の有為法は夢幻泡影の如し。
露の如くまた雷の如し。
まさにかくの如き観をなすべし。
（註）一切の有為法＝あらゆる物象

龍樹の『中論』の空観

・空とは縁起である。

「どんな縁起でも、われわれは空と説く」。

（空が縁起するからこそ、あらゆる物象が成立します。しかし物象の本質が恒常的実体であれば、縁起による生成は起こりません。）

「縁起するゆえに無自性である。無自性のゆえに空である」。

・中道ということ

「どんな縁起でも、われわれはそれを空と説く。それは仮に設けられたものであって、それはすなわち中道である」。

（縁起によって生じたものは空です。しかしその空なるものを、あたかも自性があるかのように固定概念化してはいけません。空はあくまでも仮の名です。よって、空という固定概念をさらに空じることを、中道といいます。空は空でないことによって空である、となります ＝ 不空の空。）

「空と縁起と中道とを同一の意義を持ったものだと説きたもうた、かの無比なる仏に敬礼し奉る」。

（中道の実践として無所得、無執着があげられます。縁起空を煩悩の立場から見ると「輪廻」となり、縁起空の実相を徹見すると「涅槃」と呼ばれます。）

ここで、禅問答による「縁起と空」をあげます。

月庵《げったん》和尚が僧に問うた、「奚仲《けいちゅう》はいままでに車を百台造った名人である。いまその車の両輪を取り外し、車軸も取り去って分解していったら、いったいしまいには、どんなことが分かるのだ」。

（『無門関』「奚仲造車」）

車の部品を組み立てると、その縁起によって車ができますが、車を分解すると、分解という縁起によって、ただの部品に戻ります。よって、車は縁起によって生滅する空性そのものです。そこまでは簡単に分かるのですが、「結局はどんなことが分かるのだ（甚麼《なに》辺《へん》の事をか明《あきら》む）」。この問いが曲者《くせもの》です。うっかり「物象は縁起によって生滅します」などと答えれば「屁理屈こくな」とドヤされるだけです。では、月庵和尚はなにを問い詰めているのでしょう。道元の次の言葉が胸に迫ります。

仏道を習うというは自己を習うなり。自己を習うというは自己を忘るるなり。自己を忘るるというは、万法に証せらるるなり。

(『正法眼蔵』「現成公案」)

＊寄り道コラム③「聴覚の平等、現代音楽」

「色即是空、空即是色」の方程式は、色という物象のみならず受・想・行・識の心作用にもあてはまるものでした。そこには「空」という絶対平等の前提が設定されているからです。

となると、物という物体に限らず「音」という空気振動においてさえ、当てはまるのかもしれません。まさに、二〇世紀初頭に起きた無調主義および十二音主義の現代音楽の黎明ともいうべき運動は、私たちの耳になじんだ古典からロマン派までの音楽を徹底的に破壊、再建する音楽運動でした。

音楽から「音」を独立、解放させるという自由主義は、抽象絵画の発生とまったく軌を同じくした二〇世紀芸術の新ルネサンスといえるでしょう。

ただ、二〇世紀初頭の一〇年間は芸術のみならず、なにもかもが一斉に申し合わせたように改革の狼煙《のろし》をあげました。ハロルド・ショーンバークは「シェーンベルク」で次のように書いています。私なりに少し整理、補足、訂正してみます。

「二〇世紀の最初の一〇年間に、人間思想の分野で一連の大変化が生じた。これらの変化があまりに急激だったため、その衝撃を含む完全な意味合いが、当時は認識されず、効果が現れるのに数年を要した。
一九〇〇年　ジークムント・フロイトが『夢判断』を著し、人類は以後、人間精神の探究面で、新たな道を見出すことになった。
一九〇〇年　マックス・プランクが量子仮説を発表、ユークリッド幾何学とニュートン物理学を打破した。（ただしいずれの古典科学も、今日充分に日常的には通用する。）
一九〇三年　ライト兄弟が飛行機で空を飛び、動力飛行に関する人類の多年の夢を実現した。
一九〇五年　プランクの方程式（h量子定数）に則って思索をしたアルバート・アインシュタインは、相対性理論を編み出し、宇宙を支配する諸法則に関する以後の人類の理解を変えた。（プランクのh量子を用いたのは相対性理論ではなく光量子仮説。また宇宙を支配する法則は一九一五年の一般相対性理論。重力場によって時空が曲がるとした。）
一九〇八年　アーノルト・シェーンベルクが『架空庭園の書』を作曲。アインシュタインによるニュートンの大宇宙論（万有引力）打破と同じくらい効果的に、幾世代にもわたった調性の概念（ハ長調、イ短調など）を打破した。
一九一〇年　ワシリー・カンディンスキーが初の抽象画を公開、このあとでは、絵画というものについての考え方は違ってしまった。自然界に存在する物とは全く無縁の形と色を集めたものも絵画と呼び得ることが、この時初めて確認された。

これらすべてが、わずか一〇年の間に起きた。それはおそらく、歴史が記録されるようになって以来、最も革命的な一〇年だったに違いない」。

（『大作曲家の生涯』下）

作曲家シェーンベルクの項で「幾世紀にもわたった調性の概念を打破した」とありますが、「調性の概念」とは、分かりやすくいうと、私たちが学校で習ったヨーロッパのクラシック音楽や、今日でも耳にする演歌やポップス音楽などに機能している和音（伴奏）の概念です。

たとえばベートーヴェンの「運命交響曲」はハ短調で劇的で暗く、逆にモーツァルトの「ジュピター交響曲」はハ長調でおおらかな明るさに満ちています。

この各音楽の出だしの調性を基調といいますが、基調は繰り返し転調されて様々な感情表現を繰り広げます。つまり基調を守りながらも長、短調入り乱れて展開するわけです。

これらはハ長調の場合なら、主音（ド）下属音（ファ）属音（ソ）といった主従関係をもった規則に支配され、たとえば曲の終わりを主音にせず属音にすると、曲が終わった気がしません。つまり調性音楽における音の主従関係が、私たち聴衆の感情をも支配するのです。

この「調性の概念を打破した」のが無調音楽です。この無調音楽は二〇世紀以来の現代音楽を特徴づける最も重要な概念のひとつです。

ただし調性から解放された無調音楽は結果的に無個性、無秩序、不快音に溢れ、プロとアマチュアの区別もつかない様相になりました。要するに出鱈目になる恐れが出てきます。そのためプロとしての作曲家の位置づけが極めて困難になりました。

そこで、シェーンベルクは「十二音技法」という新たな秩序のもとでの無調音楽を打ち立てます。(十二音技法の話に限り、数字の表記は一二ではなく十二。)

ピアノの鍵盤を見ると一オクターヴの音域内に白鍵七つと黒鍵五つ、計十二の音程が並んでいます。よって西洋音楽は十二音のセットが各オクターヴの高低として使用されることになります。

そこでシェーンベルクが提唱した十二音技法では、この十二個の音を一フレーズ内で一回限定で使う音列を作り出すことが作曲の第一段階となります。これによってメロディの制約が生じるのです。しかも各音一回ずつですから、主音、下属音、属音の主従関係は解消されます。

この制約は伴奏和音にも当てはまりますが、たとえばドの♯とレの♭は同じ音ですが、別音として使用できるなど、やや制約が緩められます。そしてこの十二音の制約内で、調性を避けながら、オクターヴ移動やリズム変化や音価（音の長さ）を工夫して音楽を成立させるのです。

シェーンベルクは、「これでドイツ音楽の優位が百年保てる」と言ったそうですが、そうはなりませんでした。

十二音音楽はさらに発展して、音高、音価、音量（ｆやｐ）、音色にまで総合的に数列化するという複雑な規則を定め、作曲行為をその数列によって自動化するまでになりました。

これを総合音列技法・セリエル音楽といいます。そしてついにはコンピュータに数式を入力するだけの自動作曲法にゆきつきました。

こうした作曲法は、実はとんでもない演奏の困難を生んでしまいました。たえず変化する複雑な音程やリズムは各楽器の特性を無視していましたから、演奏者はもとより聴衆にとっても苦痛なだけの音楽になりました。ドイツ音楽の優位は案外早く崩れたのです。

現在こうした無調十二音技法は、音楽を学ぶ学生たちの教材程度にしか見られません。十二音技法は、調性の制約から逃れようとして、かえって音列という規則に縛られたのです。

「～から自由になる」ということは、実はそう簡単なことではありません。Aから自由になるとは、反Aに束縛されるということです。Aにも反Aにも束縛されない道を、観自在菩薩は般若心経によって提示しているのです。

第四章　不生という生き方

「是諸法空相　不生不滅　不垢不浄　不増不減」

（この諸法《しょほう》は空相《くうそう》にして、生《しょう》ぜず滅《めっ》せず、垢《く》ならず浄《じょう》ならず、増《ぞう》せず減《げん》ぜず。）

一　「是諸法空相」――空相、無相、そして実相

「是れ諸法は空相なり」の諸法とは、森羅万象、この世界です。

「空相」の相は、現象として現れる姿や形の差別界です。

この世界は、縁起の方程式、運動律《ダイナミズム》によってのみ成立している仮和合《けわごう》だということです。

空という絶対界が、相という差別界と、縁起によってのみ関わるのが空相です。

難しい言い方ですが、諸法空相は存在論的見方です。

空相に似た言葉で、無相といわれることがあります。

無相とは一切の執着を離れた境地のことです。それは一切の相を思わず、一切の感受から離れ、過去・現在・未来において心に執着がないということです。あらゆるものに自性がないために、拠り所なく、これを名付けて無相というのです。

よって無相は心の在り方の問題ですから、認識論的見方です。

前出の「南泉株花」を思い起こしてください。陸亘大夫の屁理屈に対して南泉は皮肉たっぷりに言いました。「時の人、この一株の花を見るに、夢の如くにあい似たり」と。「あんたは花の相（美しい、芳しい）に捉われて、その奥の空なる相を見ていない」。「夢の如くにあい似たり」とは、錯覚している、無明世界に安住しているという警告です。

したがって、南泉が指摘したように対象世界にまったく捉われず、在りのままに観る世界が実相です。よって実相はある意味で無相と同義になります。

二 「不生不滅」――六不《ろっぷ》と八不《はっぷ》と

「不生不滅　不垢不浄　不増不減」では、生滅、垢浄、増減の三組にそれぞれ「不」が付いていて、般若心経の六不といいます。

空海はこの六不を、「絶」という言葉に置き換え、般若智を代表する文殊菩薩の三昧《さんまい》の境地だと言っています。絶とは根本の無分別智であり、般若智のことで、「絶観（空観）」といいます。なお三昧とは、サマーディで心を何かに集中することです。

また、龍樹の『中論』では八不が説かれています。それは生滅、断常、一異、去来の反対概念にそれぞれ「不」が八つ付いたものです。基本は六不と変わりません。

ここでも空海は「文殊の利剣（よく斬れる剣）は、八不《はっぷ》を揮《ふる》って、かの妄執の心《しん》（核心）を絶つ」と言っています。

要するに、六不も八不もともに二元対立の分別知を根絶するハタラキをさします。

空海より百年ほど前の唐に、絶観の禅者と呼ばれた牛頭法融《ごずほうゆう》がいます。


牛頭法融は、多年にわたって様々な般若の教えを修禅探究した結果、すべては本来空であって、迷いの心は分別妄想からくる執着にあると悟っていました。のちに達磨大師から数えて四代目の四祖道信《しそどうしん》に参じ、その空理の見解《けんげ》を提示して、自らの悟りの境地を証明してもらいました。その境地とは、たとえ空理を体得したとしても、そこに安住してしまう境地ではなく、空においての「不空」を提示したものでしたから、やがてその境地は、悟解洞明《ごかいとうみょう》(悟りの境地がハッキリ明解である)といわれました。
(一部、筆者意訳)(『禅源諸詮集都序』)

「不空」という言葉が光っています。空とはいえ絶対否定に落ち込まず、真空妙有の境地、あるいは中道の境地を表しています。法融は「三論」を学んだひとで、「三論」は八不中道を究極の境地とするものです。

三 「不垢不浄　不増不減」——六不の組み合わせ

六不の相手に、なぜ生滅、垢浄、増減の組み合わせが選ばれたのでしょうか。反対概念など、ほかにいくらでもあります。善悪、損得、前後などなど。

この三組の選択に何か厳密な基準があるようには見えませんが、すくなくとも存在物の縁起の様式としてはひとまとめになりそうです。

例えば水中に泡が発生しては消え(生・滅)、その泡がサイダーの炭酸か、ドブ水のメタンか(浄・不浄)、そしてその泡はかき混ぜたり、温度が上がったり、外からの刺激で増・減します。縁起は条件によって無数で多様な自然の豊かさとなります。それでもなお

「不」によって縁起は空相である、と念を押すわけです。

ところで生滅は存在の根本縁起ですが、浄不浄（垢浄）、増減はどう見ればよいでしょう。「不垢不浄」に対して、清浄心《しょうじょうしん》あるいは清浄法身という仏教思想があります。すべてが空相であるなら、たとえ仏でも清浄という価値観は不適切であるはずです。

修行僧が雲門に問うた、「仏とはなんですか」。

雲門、「乾屎橛《かんしけつ》（糞かきベラ、または乾いた棒状の糞）」。

（『無門関』「雲門屎橛」）

修行僧は当然、清浄法身、清浄仏心が念頭にあります。そこで雲門は、僧の「清浄」への先入観を捨てさせるためにわざと汚い言葉を吐いたと解釈すると、雲門の真意は伝わりません。それでは当の雲門も「浄、不浄」にこだわっていることになりますから。

雲門は、仏も不垢不浄だ、糞尿も不垢不浄だと言っているのです。浄・不浄の二元対立を超えた不垢不浄、それが真の清浄法身という空性です。

次は「不増不減」です。

芭蕉和尚が修行僧たちに云った、「おまえたちが拄杖子《しゅじょうす》（杖《つえ》）を持っているなら、おまえたちに拄杖子を与えよう。持っていないなら奪おう」。

（『無門関』「芭蕉拄杖」）

持っているなら、さらに与える（増）。持っていないなら、さらに奪う（減）と。どういうことでしょうか。芭蕉和尚は、増なら徹底的に増、減なら徹底的に減としました。そこに与奪や増減の二元性はありません。もとより与えられないし奪えない、増えもしないし減りもしないのが本来空です。

四　「生時《しょうじ》の不生」——八不《はっぷ》について

あらためて、『中論』の八不とは、不生不滅、不断不常、不一《ふいつ》（義）不異（義）、不去不来という、四組の対立概念に付いた八つの不です。なぜこの八不が選ばれたかは定かではありませんが、『中論』の八不は、大般若経の八不から引用したことだけは分かっています。

般若心経の六不とこの八不に共通しているのは「不生不滅」のフレーズだけです。前述したように生滅が存在の根本縁起だからでしょう。
『中論』では次のように言われています。

いま現に生じつつあるものも、すでに生じたものも、未だ生じていないものも、けっして生じない。

未だ生じないもの（未生《みしょう》）と、既に生じたもの（已生《いしょう》）が生じないというのは分かりますが、いま生じつつあるもの（生時）が生じないとは、どういうことでしょうか。「生がいま生じつつある」ということは、例えば、既にそこに在る山が山になりつつあるという矛盾になります。よって「生じつつある」の主語（主体）が、生であってはならないのです。ただしその主語（主体）が本来空なら、やはり生じないことになります。

ところで不生不滅という語は、縁起という語と矛盾しています。縁起は縁《よ》って起こる、生起するというシステムであるのに、それが不生（生起しない）といっては矛盾してしまいます。

難しい論議はさておき、縁起によって生じたものも、その自性は空にして無自性ですから、不生であり、生じないものは滅しない、ということになります。

五　不生に生きる禅

『中論』において、空と縁起と中道を同一義とする説を紹介しましたが、「それこそが釈尊の悟りの内容である」との解釈があるようです。

しかし『中論』の説は、あくまで論であり説です。いわば分別世界の法理です。それはけっして釈尊の悟りそのものではありません。

なにより悟りは「私の覚醒」が、そのまま二千五百年前の釈尊の悟りに真っすぐ繋がっている必要があります。「おまえは釈迦か」と叱責されそうですが、法はそれぞれの人格上に体得されて初めて「悟り」になるのであって、悟りという固定化された理念があるわけではありません。

それゆえに、歴代の祖師がたの悟り体験は、そのひと固有の言葉として吐き出されます。禅でいえば、六祖慧能の「本来無一物」であり、趙州の「無」、臨済の「喝」、雲門の「関」などです。

これらはまったく同じ法体験の別人格による霊性語です。日本では盤珪《ばんけい》の「不生」がそれにあたります。つまり盤珪の不生禅は、南宋の看話禅のはるか以前、唐代の祖師禅に匹敵する驚くべき力を持ったものといえましょう。

日本臨済禅は、鎌倉期に中国南宋の看話禅の系統がもたらされ、室町期に禅文化として定着し、以降、江戸期に向かって衰退していきました。衰退したとはいえ、かろうじて大応国師・大燈国師（大徳寺）・関山大師（妙心寺）のいわゆる「応・燈・関の一流」の法系のみが細々と続いていました。

至道無難―道鏡慧端（正受老人）―白隠慧鶴の法統です。さらに同じ応・燈・関の法系ながら途中で分かれた一派に盤珪永琢《ようたく》がいるわけです。この四人は、至道、盤珪、正受、白隠の年齢順で、江戸中期臨済禅の奇跡的な越格《おっかく》の禅匠たちです。

さて盤珪の不生禅ですが、この不生というキイワードは、不生不滅の不生とはニュアンスの異なる匂いを持っています。不生不滅の不生なら単なる法理ですが、盤珪の不生は盤珪固有の苦修と実存的重量を持ち、悟り経験のないひとには容易に近づけない峻厳さを持っています。そこを、盤珪も『法語』の中でちゃんとおさえています。


生ぜぬ物の滅するといふことはござらぬ。ところで、不生で居ますれば、不滅と白《もう》すもむだ事でござる程に、身共《みども》は不生とばかり白して、不滅とは白さぬ。不生なれば不滅なものとは、云うに及ばず知れてあることでござるわいの。不生不滅と白《もう》すことは、昔から経録にもあそこ爰《ここ》に出てござれども、不生の証拠がござらぬ程に、それ故、皆人が唯だ不生不滅とばかり覚えて居ますれども、たしかに骨髄に徹し決定《けつじょう》して、不生な事を得《え》知りませぬわい。

不生不滅の不生を、骨髄に徹して自らに証拠すれば、不滅という語が不要どころか邪魔になります。なぜなら「魂は不滅だ」などという妄想執着を生むからです。『法語』に述べられた不生の説法は、極めて大衆的で老若男女すべてに向かって語られています。しかしそれは、その説法が最晩年のものであることに留意しなければなりません。口調は素朴、噛んで含めるように親切ですが、「不生」そのものについては何ひとつ言われていません。いえ、手を替え品を替えて懇切丁寧に説かれていますが、ほとんどのひとは腑に落ちていないはずです。薄紙一枚分、分からないはずです。

それなのに、盤珪の説法には毎日おびただしい人々が押し寄せてきました。

左右を見ますれば、いつもながら、今朝《けさ》は取分けて大勢の参詣でござる。只今の説法聴聞《ちょうもん》致されぬ衆が多いように御座る。いづれも聴聞なされた衆は、最早《もはや》立たせられて、いまだ聴聞致されぬ衆々と、入れ替えたがようござる。

本来、盤珪の不生禅は命がけの苦修によって獲得されるべきもので、現に盤珪の弟子たちは餓死寸前にまで追い込まれ、不眠不休の坐禅によって「不生禅」に参じたのです。しかしその弟子たちも、およそ男僧四〇〇人、尼僧二七〇人、弟子の礼をとった者五万人余りに達しましたが、盤珪の法を嗣《つ》いだ者わずか七名あまりにすぎないという厳しさです。

では、これほど獲得至難な不生禅の説法に、なにゆえ聴聞衆が押し寄せ、入れ替え制にまでしなければならなかったのでしょう。それは説法のうまさ、朴訥な人柄などが原因でしょうか。

私は盤珪に、生きた釈尊の説法を見るのです。釈尊の悟りの境地は高く、ひとり摩訶迦葉が嗣法したにすぎませんが、四〇年余りにわたる説法の遊行において常に数千名の聴聞者が参集していました。それは釈尊が、そこにおられるだけで尊いというカリスマ性と、仏法の力が全身に顕現している即身説法の姿にあると思います。

結局、仏法の核心は不立文字《ふりゅうもんじ》で、言葉を超えたものですから、仏法の真髄に達したひとの言葉は、ぎりぎりの一句でその宗旨を表現することになるわけです。

最後に盤珪のもっとも有名な説法を紹介します。

人々皆、親の産み付けてたもったは、不生の仏心一つでござるわい。余の物は一つも産み付けやしませぬわい、その親の産み付けてたもった仏心は、不生にして霊明なものに極《きわま》りました、不生なが仏心、仏心は、不生にして霊明なものでござって、不生で一切事が調ひますわい。その不生で調ひます不生の証拠は、皆こちらを向いて、身共が云ふ事を聞いてござるうちに、後《うしろ》で啼《な》く鴉《からす》の声、雀《すずめ》の声、風の吹く声、それぞれの声が通じ分かれて聞きたがはず聞こゆるは、不生で聞くといふものでござるわい。そのごとく皆一切事が、不生で調ひますわい。これが不生の証拠でござるわい。その不生にして霊明なが仏心に極まった事を決定《けつじょう》して、直《じき》に不生の仏心の儘《まま》でござる人は、今日より未来永劫の活如来《いきにょらい》でござるわい。決定しますれば、その如く今日より活仏心で居まする故に、我宗《わがしゅう》を仏心宗と云ひまするわい。

鴉、雀、風の声を分別せずにちゃんと分別するとは、無分別の分別智と呼ばれるものです。自己と世界が分かれる以前、父母未生以前本来の面目であり、分別判断が生ずる以前の絶対自由な不生の仏心といえましょう。

*寄り道コラム④「平家物語の生滅無常観」

日本文化の底流には、「生滅」への心情が色濃く表れています。

たとえば『平家物語』は平氏の栄華と滅亡を物語った軍記ものですが、その語り出しからしてこの物語のテーマが暗示されます。

祇園精舎の鐘のこえ、諸行無常のひびきあり。沙羅双樹の花の色、盛者必衰のことわりをあらわす。

このなかで「諸行無常」の語は「諸行無常《しょぎょうむじょう》、是生滅法《ぜしょうめっぽう》、生滅滅已《しょうめつめつい》、寂滅為楽《じゃくめついらく》」からきています。すなわち、すべてのものは常に変わり永遠には存在しない。これが生滅という摂理です。その生滅の繰り返し、輪廻が止むとき煩悩が消え、心の安らぎを得るといった意味です。

また「盛者必衰」は「盛者必衰、実者必虚」からきています。勢いある者も必ず衰え、もの持てる者も必ず失う、といった意味です。

ここで感じることは、仏教本来の「諸行無常」の意味と、平家物語がいわんとする

「諸行無常」の心情が微妙に違うということです。

つまり平家物語では「諸行無常、是生滅法」で止まってしまっていて、そこに人生へのあるいは世の中への深い哀惜があり、「生滅滅已、寂滅為楽」までいかないということです。

仏教的には「寂滅（煩悩の消滅）を楽と為す」までいかねばなりません。涅槃の境地までいかねばなりません。しかしそれでは、日本人の心情に訴えられないのです。文学にならないのです。「無常」が「無情」へ限りなく傾いていくのです。

日本列島は、広大な太平洋に細い身をさらけ出しています。毎年やってくる台風や、忘れた頃に起こる壊滅的大地震や噴火といった天変地異に、いともたやすく大量の命を奪われてきました。加えて飢饉、疫病、戦乱と、休むひまもない地獄絵図が続いてきました。

生じたものは必ず滅びるという身近な風景も、繰り返し、根こそぎにすべてを奪われると、骨身に染みて世のはかなさを嘆いたことでしょう。ですから日本人にとって「諸行無常」から無条件に「寂滅為楽」へと到ることは、そうたやすいことではなかったと思います。

また「盛者必衰、実者必虚」にしても同様です。滅んだ平家はいうにおよばず、勝者たる源氏も骨肉あい食《は》み三代で源氏の血は絶えました。さらに戦国期にあっては、昨日の領主が今日には滅ぶという下剋上の繰り返しでした。

よって栄華を極めた権力者ほど底知れぬ不安に苛《さいな》まれ、求めるものは悟りの宗教ではなく、その場しのぎの安易な極楽信仰でした。

鎌倉から室町にかけて、大陸から禅仏教がもたらされました。その入り方はご多分にもれず権力者や上級武士と結びついてのことでしたが、やがて禅仏教が「諸行無常」の本来の在り方を、深く日本人の生活のなかへ浸透させてゆきました。

平家物語の心情的無常観ではなく、中国は唐から宋にかけての実践的無常観です。生滅無常の真っ只中で労働し、生活することの意味と覚悟を浸透させたのです。

無常が、日常の著衣喫飯《じゃくえきっぱん》、一挙手一投足のうえで諸法空相としてハタラキます。そのときまさに生滅無常は、不生不滅の即今・当所・自己となるわけです。

第五章　無の連鎖

「是故空中　無色　無受想行識　無眼耳鼻舌身意　無色声香味触法　無眼界　乃至無意識界」

（この故に空中《くうちゅう》では、色《しき》も無く、受想行識《じゅそうぎょうしき》も無く、眼耳鼻舌身意《げんにびぜつしんに》も無く、色声香味触法《しきしょうこうみそくほう》も無く、眼界《げんかい》も無く、また意識界《いしきかい》も無い。）

一　「無色　無受想行識」——身心の整理整頓

先に「是諸法空相」といい、また再び「是故空中」といって、空の立場いわゆる空観を展開していきます。「空中」すなわち空も色もひっくるめたなかでは、となります。

とくにこの段では、初期仏教以来の「三科の法門」という教論を、その体系を引き継ぎつつ全面否定します。ただし、この場合は表面的には「否定」ですが、大乗仏教の立場を鑑《かんが》みると、むしろ「展開」といったほうが妥当かもしれません。大乗では三科の法門のさらに先へ、無意識界や如来蔵界を探究していきます。

三科の法門の三科は、「五蘊」、「十二処」、「十八界」をいいます。

五蘊＝色、受、想、行、識
十二処＝六根（眼、耳、鼻、舌、身、意）＋六境（色、声、香、味、触、法）
十八界＝六識（眼識、耳識、鼻識、舌識、身識、意識）＋十二処

仏教の基本的な考え方ですが、簡単にいうと眼（根）を通して色彩（境）を認識する（眼識）、これが見るということです。同様に、聞く、嗅ぐ、味わう、触る、思う、となります。ただそれだけのことです。

この分類は日常経験に属し、それを般若心経は、五蘊から十八界まで否定するのです。

さて、五蘊のうちの識が六識に分かれ、さらに六識の奥には日常性を超えた無意識界がありますす。本来空であり無我であるところの人間の心作用において、あたかも実在物のよ

うに明確に分析分類することは困難なことだと思います。

それでもなお、古代インド人が心作用の分析を試みたのは、この捉えがたい心というものを、まずは実生活での迷い、錯覚、誤認といった混乱を整理して、やがて本来心であるところの仏心にまで、掘り下げようとした作業とみなされます。

それは仏陀たる釈尊への深い信仰あっての比丘たちの努力であったと思います。その努力の一応の成果が大乗の唯識学だったといえそうです。

二　この世界をどう見るか？

釈尊の教えである仏教は、当時のインド社会の精神的基盤だったバラモン教から始まり、バラモン教を超えようとするものでした。

具体的には、バラモン教における梵我一如の否定ということになります。バラモン教では絶対的主体性としてアートマン（自我）を認め、それが宇宙原理であるブラフマン（梵）と一体になることを最高の境地としました。それを梵我一如といいます。

しかし仏教では、六根、六境、六識すべてが相依《あいよ》りながら縁起するものであって、絶対的に独立した自性を認めません。つまりアートマンを否定した無我思想です。

鏡清《きょうしょう》が僧に問うた、「外のあの音は何だ?」。
僧、「雨だれの音です」。
鏡清、「おまえたちは、勘違いして己《おのれ》に迷って物を逐《お》うのだな」。
僧、「和尚さんはどうなんですか」。
鏡清、「ほとんど己に迷わんよ」。
僧、「ほとんど己に迷わぬとは、どういうことですか」。
鏡清、「出身は猶《なお》たやすいものだが、脱体に云うのはまさに困難だ」。

(『碧巌録』「鏡清雨滴声」)

六根の「耳」と六境の「声」を主題にした問答になります。雨天のある日、鏡清和尚がふと、「あの外のポタポタいう音はなんじゃ」と僧に訊ねます。

僧は「雨だれの音ですよ」と当たり前に答えます。しかし同じ部屋にいる鏡清、そんなことは百も承知です。なのにわざわざ訊ねたハラを、この僧は見抜けません。鏡清は腹立たし気に「衆生、顛倒《てんどう》して己《おのれ》に迷うて物を逐《お》う」と。本末顛倒して、せっかくの本来の面目をほったらかしにして、ノコノコと外境に付いて回りおったな、といったところです。

耳（根）が声（境）を感受して識（識別）を起こして分別（雨だれの音）に捉われました。識がものを追ったのです。この僧は主観を起こして声そのものを取り落としました。

盤珪が指摘したように、鴉や雀の声を不生の仏心で聞かねばなりません。同じように雨滴声も識が起きる前に、不生の仏心（無分別智）が間違いなく捉えています。耳と声が一如のところ、自他がまだ分かれる以前の無分別智が働かねば、結局、境に対する雑多な価値観に引きずられて自己を失います。

では、雨だれの音を不生の仏心で聞くとはどういうことでしょう。

聴くままに　また心なき身にしあれば　己《おのれ》なりけり　軒《のき》の玉水　（道元）

ここまでなら「南泉株花」の問答とさほど変わりません。しかしこの僧は、「雨だれと答えたのが迷いなら、和尚さんはどうなんですか」と、訊かないでもいいことを訊きました。おかげで、この則は「南泉株花」より一歩突っ込んだ高い境涯を見せてくれます。

「ワシか？　ワシは自分に殆《ほと》ど迷わんよ」と答えた鏡清の境地が光ります。「殆ど」の一句が値千金《あたいせんきん》です。迷わんのか迷うのかハッキリしてくれと言いたいところでしょうが、「ワシは迷わん」と断定すれば、迷・不迷の二元に墜ちる。「雨滴声」と答えた分別心と同じことです。煩悩即菩提の中道といえばそれなりの理屈ですが、それとも少し味が違います。そこのところ、鏡清はちゃんと念を押してくれました。

出身は猶《な》お易《やす》かるべし、脱体に云うは応《まさ》に難《かた》かるべし。

「出身」は迷いの身から出ることですから、身心脱落です。開悟の瞬間です。それはそれで参究苦修を要しますが、問題は脱体です。脱落した身心です。悟りの滓《かす》すら残さない、徹底した素凡夫《すぼんぷ》の境涯です。

そうした「脱体に云う」ことのできる境地は、誰でも到達できるものではないぞ、と鏡清はさりげなく示しています。言葉が届かない霊性世界だからです。

三　「無眼界　乃至　無意識界」——意識界のその奥へ

ここでは、十八界のトップ眼界からラストの意識界まで、無によって否定します。よって「無意識界」は意識界も無い、ということですが、否定された意識界のさらに奥に「無意識」界が唯識派によって説かれるのです。

それが無・無意識界となるのかどうか？

中期大乗仏教に唯識説が登場します。唯識とは、ひと口でいうと、六識とその下の無意識領域のことで、その分析作業が唯識説です。

六識の下にマナ識（末那識）とアーラヤ識（阿頼耶識）の二層の無意識領域を置くのです。現代の深層心理学に似ています。ちなみに唯識の語は華厳経からきています。

仏弟子たちよ、実に三界（この世界）は心のみのものである。
三界は虚妄なり、但《ただ》是れ一心と作《な》す。

この「三界唯一心」の唯心説からきています。私たちは六識によって外界（世界）を識別しています。そしてそれはマナ識を通ってアーラヤ識に蓄積されます。

すこし強引ですが、外界とはまさにこの心識のことだというのです。私たちがリンゴを見ようと見まいと、リンゴは実在しています。しかしその客観論がくずれるのは、世界が一切皆空だからです。リンゴとミカンは心識の識別でしか差別化されません。

実際にリンゴがあるかミカンがあるかという議論は、一切皆空であることによって無意味になります。分かりにくいですが、物心一如の観点からはそうならざるを得ません。心識とは別に外界が実在しているとすると、一切皆空ではなくなります。六識の下にマナ識があります。マナ識は自我意識のことで、好き嫌い、受容排除などの働きをします。

眼界から意識界に到る十八界もないと否定されると、当然、六識、マナ識、アーラヤ識も戯論となってしまいます。脳科学におけるその複雑なメカニズムもまた空のハタラキとして位置づけられるわけです。

マナ識、アーラヤ識といった無意識領域はいくら力説しても、唯識「説」に過ぎません。しかしその無意識領域の闊達なハタラキを仏性とみると、無意識領域はがぜん仏性を蔵する如来蔵となります。ここに唯識説が大乗仏教、とりわけ涅槃経の仏法になるのです。

般若心経では般若波羅蜜多、すなわち智慧の完成が主題となっており、その般若智へ衆生を導くエネルギーがそのまま観自在菩薩の菩薩行として示されています。

そのことを突き詰めれば、私たち凡夫でさえもが六波羅蜜を行じ、行じることがそのまま仏性の顕現となると考えられます。つまり仏性とは、「仏になる可能性」ではなく、「もとより仏（如来）であること」となります。

こうした考え方を、やがて「如来蔵」とよぶようになります。般若経のあとに成立した華厳経に次のようにあります。

衆生たちのうちで、その身に如来智（般若智）が浸透していないものは一人もいない。それにもかかわらず人はあやまった想念を固執しているために、如来智を知覚しえないでいる。

また次のようにも如来蔵が言われます。

さてこの如来蔵は、法身から離れることなく、真如と不可分なる特質をもち、自性として種姓が確定し、つねに、到るところで、一つの例外もなく、衆生界のうちに存すると、道理にてらして観察されるべきである。

如来たちが世に出ずるも出でざるも、つねに、かれら衆生たちは、如来蔵である。

（『如来蔵経』）

付随した煩悩の蔵（アーラヤ識）で、我々は如来蔵を見出す。

（『勝鬘経《しょうまんきょう》』）

一切衆生には悉《ことごと》く仏性がある。
（『涅槃経』）

これらのうち、きわめて興味深いのは勝鬘経のアーラヤ識と如来蔵を同義に見る考えかたです。いわゆる大乗の煩悩即菩提で、般若心経の「不垢不浄」にあたります。すなわちアーラヤ識が煩悩の蔵であっても、如来の蔵同様に空であって、区別をしないわけです。このことは既に述べた通りです。

しかし如来蔵とはアーラヤ識のさらに奥にある第九識アマラ識（無垢識）とする説もあるようです。

いずれにせよ、鈴木大拙の一文を『大乗仏教概論』から引用しておきます。

「大乗仏教はもともとが観念的なものであり、主観と客観、思想と存在、心と自然、意識と活動力の間に厳密な質的区別をもうけない。したがってアーラヤ識の存在と活動というものは基本的には、如来蔵の存在と活動なのであり、そしてその如来蔵が全宇宙的な無明（無知）と真如の結合体であるように、アーラヤ識もまた、欲望（煩悩）と智慧（菩提）から産まれるものである。しかし、如来蔵もアーラヤ識もどちらもそれ自体は無垢であって、事物の存在状態に対してはなんの責任も負っていない」。

アーラヤ識に蔵された無数の心識は、根本的には空性（刹那滅）で、仏性でもあるから如来蔵といわれるわけです。

大乗の如来蔵思想以前に、自性清浄心という考えが釈尊在世中からあり、如来蔵思想に発展していくと考えると、無意識界を鍛える禅定というものが仏教の基本だと理解されるでしょう。

三界無法、いずれの処にか心を求めん。

（『碧巌録』「三界無法」）

馬祖道一《ばそどういつ》の法嗣《はっす》、盤山宝積《ばんざんほうしゃく》禅師の言葉です。

「三界無法」、この世界にはなにひとつ実在するものはない。すべて因縁によって生じ、活動し、滅する。外界に実体がないなら、それを識別して活動する心識にも実体がないではないか。それでは大事な大事な自己の心を何処に求めたらいいのか？　ということです。

これは仏性、如来蔵丸出しの言葉です。その証拠に、盤山は続けて言います。

「四大もと空、仏、何に依ってか住せん」。私たちの身体も森羅万象も、地・水・火・風の四大元素から成り立っています。それらがみな空だというなら、仏さんの居場所がないではないか、というわけです。空性即仏性だからです。

＊寄り道コラム⑤「公朝先生の如来蔵」

西村公朝《こうちょう》先生（一九一五〜二〇〇三）は、仏師であり愛宕《あたご》念仏寺のご住職でしたが、東京藝術大学美術学部教授でもありましたので、私の学生時代にご縁がありました。芸大美術学部のカリキュラムのひとつ「奈良・京都古美術研究旅行」のおり、奈良古美術研究施設で、先生の「仏像の衣《ころも》様式」のレクチャーがありました。授業が始まると先生が私を見て「あんたは仏さんの面相をしている」と突然の指名があって、壇上に呼び出され上半身はだかになって、たった一枚の布でどのように身を包むか、偏袒右肩《へんだんうけん》というインド僧の着衣のモデルをした思い出があります。

その公朝先生を偲んで、先生が書かれた仏像修理体験記を紹介します（数字表記、原文のまま）。

「昭和十六年一月、国宝修理所に入りました。

ここは、いわば仏像の外科病院のようなところです。一人前の彫刻家になるために、仏像の内部の構造を知り、古典の造形が把握できればと、私は研究のつもりで入所したのです。

最初の仕事が三十三間堂。十一面観音像の修理でした。すでに本尊十一面観音坐像と二十八部衆が終わり、当時は、新たに脇侍一千体の千手観音の大修理が昭和十二年から始まったところでした。一年に約五十体。二十年かけての大修理の最中でした」。

「昭和十七年秋に召集。それまでに約百体ほどの修理にかかわりました。召集を受けたとき、『これで仏像修理とも縁が切れる。もし無事に帰れたら、制作をやろう』と考えていました。

連れていかれたところは中国。ある日、夜行軍で眠りながら歩いていて、こんな夢を見たのです。

私が歩いている右側に、壊れた仏像がたくさん並んでいる。はじめは三十三間堂の観音さんと思っていたのですが、よく見ると阿弥陀さんや薬師さん地蔵さんもいる。数も三十三間堂どころではない。何千体という仏さんです。

夢の中で私は『あんたらワシに修理してほしいのか。それなら無事に帰してよう』と言っていました。

その後、戦地に四年いたのに、不思議と一度も敵に遭わず、一発の弾も撃つことなく無事でした。桂林から北京への移動の途中で終戦になり、第一便で日本に帰ったのです」。

「私は三十三間堂に昭和三十一年の修理完了までかかわりました。戦後は五百一体、戦前と合わせると約六百体の千手観音の修理を手掛けたことになります」。

「千手観音の中央で合掌している手を真手《しんしゅ》といいます。左右の脇手《わきしゅ》は、その真手が行うさまざまな法力を印相や持ち物をあらわしているのです」。

「ところで、私ども仏像彫刻家からみますと、彫刻するのにいちばんやっかいな仏さんは、千手観音です。それを平安末に一千体も造ったということは、よほどの決意と財力と信仰心がなければできません」。

「三十三間堂と、そこに祀られている観音さま。それは私にとっては、私の人生を築き研《みが》きあげてくださった道場であり、私を仏の世界へと教え導いてくださった観音さまです。堂内の像は現実的には木造彫刻です。しかし私にはどう見ても本当の観音さまのように思えるのです」。


（『国宝への旅Ｉ 古都幻想』）


まさに公朝先生のアーラヤ識は仏さんだらけの如来蔵だったのです。

ちなみに公朝先生、『臨済録』の次の問答どう見るか、お訊きしたかったと思います。

ある日、臨済は河北府へ行った。そこで知事の王常侍が説法を請うた。

臨済が演壇に登《あが》ると、麻谷《まよく》が進み出て問うた、「千手千眼の観音菩薩の眼《め》は一体どれが本物の眼ですか」。
臨済、「千手千眼の観音の眼は一体どれが本物の眼か、さあ言ってみよ」。するると、麻谷は臨済を拽《ひ》いて演壇から下ろし、麻谷が代わって坐った。臨済は麻谷の前に進み、云った、「ご機嫌よろしゅうございますか」。麻谷はそこで擬議《ぎぎ》した（もたついた）。臨済は、麻谷を拽いて座から下ろし、自分が代わって坐った。すると麻谷はなにも言わず、すーっと出て行ってしまった。そこで臨済も座を下りた。

（「上堂」）

麻谷が来て参禅し、坐具（三拝用の敷布）をひろげて問うた、「十二面観音はどれが正面ですか」。
臨済は縄牀《じょうしょう》（坐禅用椅子）から下りて、片手で麻谷の敷いた坐具を取り上げ、片手では麻谷をつかまえて云った、「十二面の観音はどこへ行ってしまわれたか」。麻谷は身を翻《ひるがえ》して臨済の席へ坐ろうとした。臨済は、杖をもって麻谷を打った。麻谷はその杖のはしをつかんで、ふたりからまりあいながら臨済の居間に入っていった。

（「勘弁」）

第六章　生老病死という人生

「無無明　亦無明尽　乃至　無老死　亦無老死尽　無苦集滅道　無智　亦無得」

（無明《むみょう》も無く、また無明が尽きることも無く、老死《ろうし》も無く、また老死が尽きることも無く、苦集滅道《くじゅめつどう》も無い。智《ち》も、また得《とく》も無い。）

一　「無無明　亦《やく》無無明尽」――釈尊の説法を否定して大丈夫か？

釈尊が説かれた法は、のちに次第に整備されて、基本的な仏教の思想となります。「三法印《さんぼういん》」、「四聖諦《ししょうたい》（以下「四諦」）」、「八正道《はっしょうどう》」、「中道《ちゅうどう》」、「十二縁起《えんぎ》」などです。

この段では、これらのうちの「十二縁起」と「四諦」が否定されます。

えっ？　釈尊の説法を否定したら、仏教ではなくなるのでは、と心配になりますが、大乗仏教はどこまでも徹底しています。「無・無明」から「無・老死尽」までが十二縁起の否定で、「無・苦集滅道」が四諦の否定となります。

ところで、高貴富裕層のセレブであった釈尊が、何を好きこのんで、すべてを投げ捨てて出家したのでしょうか。正確な答えは本人のみぞ知るところでしょうが、生涯にわたる遊行説法から推測は可能でしょう。

釈尊生涯の説法を言うのに、「四十九年一字も説かず」という表現もあります。それはそれとして、あえて一字を立てれば「苦」の一字でしょう。釈尊は、人生の根本苦を「生《しょう》老病死《ろうびょうし》」の四苦と捉えましたが、あえていうなら「生」、「老病死」でしょう。

老いて病んで死に至るという恐怖と苦痛の原因苦こそ、この世に生を受けたことであって、それは貴賤、貧富に関わりない宿命であり、実存的命題であるはずです。釈尊はおそらく、なにごとにもその淵源を知ろうとする性格だったのではないでしょうか。「生」そのものが孕《はら》んだ根本苦を、どう自分のうちに納得させ受け入れるか。その克服のために、老病死を担った肉体から心を解放しようとし、異常な苦行によって肉体を否定し、肉体にまつわるあらゆる欲望を否定し、そのことによって老病死から心が解放されるとしました。

しかし、やがて釈尊は肉体の否定は何ものも解放しない不毛行為と悟ります。心と肉体は切り離せないものだと。四苦を、「生」と「老病死」に分けてはならないと。老いも生であり、病も生であり、死もまた生のひとつの姿だと。

よって「三法印」は始め、「諸行無常、一切皆苦、諸法無我」の三つがセットでした。一切皆苦は、やがて四諦の「苦集滅道」へシフトし、いつしか一切皆苦は「涅槃寂静」と入れ替わりました。

また十二縁起は、無明から始まり老死に到る行程表です。そしてその行程の最終到達点が「苦」になるわけです。このあと述べるように、十二縁起説とは部派仏教などで重視された苦の因果律を説く行程表なのであって、悟りの内容そのものではありません。よって三法印の否定が、そのまま釈尊の悟りを否定するものではありません。むしろそれを、鮮明にすることだと理解してください。

二　ひとは無明から始まる

無明は、仏教独自の観点のようです。生存の根源的な不条理や曖昧さに深く疑問をいだくひとにとって、無明という深い無知のブラインドを解除することは、何よりの生きる意志となるはずです。

後に仏教では、この無明を徹底克服するために、十二の階梯、十二縁起（因縁）の理法を立てました。

無明《むみょう》→行《ぎょう》→識《しき》→名色《みょうしき》→六入《ろくにゅう》→触《そく》→受《じゅ》→愛《あい》→取《しゅ》→有《う》→生《しょう》→老死《ろうし》

この十二の連鎖は、無明から順々に滅していけば最後に老死を滅し、よって生老病死の根本苦も滅せられるという仕組みです。

しかしこの十二階梯は、人生の胎生から老死に到る諸段階に模した部派アビダルマ仏教の形式的分析であって、中村本の註記にあるように「本来の形はもっと名目も少なくて、人生の苦しみの根源を追求して、それについての因果関係を示すもの」に過ぎなかったのです。

ですから、この分かったような分からないような十二縁起に、般若心経では容赦なく「無」が付くわけですから、アビダルマのいわゆる「我空法有」の「法有」が否定され、「我空法空」となるのです。

空の立場から見れば、無明から始まり老死に到るまで、すべて実体のない、縁起する現象に過ぎません。逆に実体がないからこそ縁起するわけです。無明は固定された永遠の闇ではなく、行為へと転じて滅せられていくわけです。

そのようにして生あるものは老死へと転じて、人間の根本苦を形成し、そしてそれをすべて滅として受け入れます。ですから滅は、言い換えれば縁起空のことであって、さらには涅槃の動的な本質なのです。

ところが縁起空という滅は、厳密にはそのまま涅槃たりえません。滅だけでは虚無に堕ちます。わが身心がただひたすら滅だという認識は、現実の実相に合わないのです。よって般若心経では、「無・無明」で無明は滅せられ、「亦《また》、無・無明尽」で無明が尽きてなくなることもないという実相に還ってきます。「亦、無・老死尽」も同様です。

結論としては十二縁起の有無いずれにも執着しない、そこを超えた心境が求められることになります。

三 「無苦集滅道」——苦の展開、四諦

先の十二縁起で見たように、生があることに縁って老死が起り、老死があることに縁って苦が起ります。

しかし、生きるということは、病み、老い、死ぬことと不可分ですから、あらゆる生物はごく自然にこの運命に従っていきます。ただ人間だけが、老病死を苦とする「生」を送るわけです。その原因はやはり十二縁起に示された「渇愛」にあると考えます。「渇愛」とは、苦を厭い、際限もなく楽へと志向し、際限がないゆえに常に満たされない渇きに苦しむということです。

苦諦《くたい》（一切皆苦）、集諦《じったい》（苦は煩悩の集積）、滅諦《めったい》（苦を滅して涅槃へ）、道諦《どうたい》（苦滅の実践）の四諦は、人間のみに課せられた、渇愛、我執苦の克服への道です。

このように四諦は、釈尊の出家の出発点である一切皆苦と、成道に到る道程が示されたものともいえます。よってこの四諦こそは、私たちの人生最大のテーマでもあるわけです。苦は人間存在の先天的な宿命であり、そこからあらゆる人類の悲喜劇が起り、歴史・宗教・文学などを彩ってきました。始めから苦がないのなら、どんなに楽だろうということではなく、苦は滅苦によって初めて自己のものになるということです。その滅苦が一筋の光明となることが求められているのです。

しかし滅苦といっても、一筋縄ではいきません。よって道諦は八正道《はっしょうどう》へと展開します。この八正道の「正」は、倫理的、道徳的正邪ではなく、仏道の要ということです。

正見＝無常、無我を正しく理解して実相をありのままに見る。
正思＝我執に縛られず清浄心をもって思惟する。
正語＝正思によって発せられる言葉。普遍性をもつ言葉。
正業＝常住坐臥、作意のない無心の行。
正命＝正業による規律を持った無欲の生活。
正精進＝正命がそのまま仏道修行となる努力、鍛錬。
正念＝自在に思念しても決して仏道からはずれない。
正定＝身心統一、坐禅などによる道力を養う。

この八正道はそのままひとりの人格として一正道《いちしょうどう》に収まるべきものであって、四諦から八正道へいたる道が、リゴリズム（厳格主義）として押し付けられると、かえって自由を失うでしょう。

よってここでも般若心経は「苦集滅道無し」と四諦を否定して、その法理への執着を退けると同時に、専門僧寄りの教義を嫌っているとも取れるでしょう。

法執を退ける問答を見ましょう。

百丈《ひゃくじょう》和尚が説法するおり、ひとりの老人が常に修行僧とともに法話を聴き、終わるとみなとともに退場していた。ところがある日、説法が終わっても退場しなかった。

百丈が問うた、「いつまでも突っ立っているが、何者か」。

老人が云った、「ハイ、私は人間ではありません。釈迦より一代前の迦葉仏のころ（はるか昔）、この山寺の住職でありました。あるとき修行僧がやってきて、『大修行して悟ったひとは、因果に落ちますか、落ちませんか』と問いました。私は、『不落因果（因果のしがらみを受けない）』と答えました。そしていまなお五百遍生まれ変わり死に変わりしても、野狐《やこ》の身に墜ちたままでいます。いま和尚さんに懇願いたします。一転語（起死回生の一句）を私の代わりにたまわって、和尚の貴い道力でもって、私を野狐の身から脱却させてください」と。そしてすぐに修行僧の問いをそのまま云った。

「大修行して悟ったひとは、因果に落ちますか、落ちませんか」。

百丈は云った、「不昧《ふまい》因果（因果を昧《くら》まさない、甘んじて受ける）」。

老人はその言葉に大悟して、礼拝して云った。

「私はすでに野狐身を脱して死骸《なきがら》は裏山にあります。畏《おそ》れながらお頼みします、（獣《けもの》ではなく）僧侶の葬儀として葬ってください」。

百丈は法要係の僧に板木を打たせて修行僧たちを集め、「昼食後に、亡くなった僧の葬式をする」と告げさせた。僧たちは、みな健康で病舎に寝ている者もないのに、誰の葬儀をするというのか詮議しあった。

そして百丈は修行僧たちを連れて裏山の崖下《がけした》にゆき、杖でもって野狐の死骸をみなの前に放り出し、火葬に付した。

その晩の説法で壇上にあがった百丈は、昼間の出来事を話した。すると弟子の黄檗《おうばく》がすぐに問うた、「老人は誤った答えをして五百生野狐の身に墜ちたそうですが、その答えが誤っていなかったら、何に生まれかわったのですか」。

百丈は云った、「こっちへ来い。おまえだけに内緒で教えてやろう」。

黄檗はスッと近寄って、すかさず百丈を平手打ちした。

百丈は手を打って笑いながら云った、「達磨の鬚《ひげ》は赤いとばかり思っておったら、ここにもうひとり赤鬚の達磨がおったわい」。

（『無門関』「百丈野狐」）

この問答では因果の問題が提示されます。因果とは「因・縁・果」の連鎖で、因が直接の原因、縁が間接因（条件）、そして果は結果です。例えば、私がいまこの世に在る因は、父母の結婚です。縁は結婚前の見合い（縁談）で、その果が私の誕生です。

この世界はあらゆるものがこの因果律に則《のっと》って縁起しており、また十二縁起も過去の因が現在の果であり、現在の因がやがて未来の果となります（縁起における三世両重因果という）。むろん四諦も苦を因として道にいたる因果の支配をうけます。

さてこの「百丈野狐」の問答を見てゆきましょう。

「学人（修行僧）問う、大修行底の人、還《かえ》って因果に落つるや也《ま》た無しや」。

これは明らかに大修行もしなければ悟ってもいない僧の質問ですが、あるいは分かっていて住職を試そうとする一枚悟りの僧かもしれません。いずれにせよ「因果律」という仏教の大問題を振りかざしてきました。うかつに住職などすると、とんでもないやつに足元をすくわれます。

「対《こた》えて云《いわ》く、不落因果」。

実に無防備な答え。まさに大修行も大悟徹底もしてないことを白状したようなものです。なぜなら悟りを開いて仏陀になった釈尊も、生老病死の因果の中におりますから。

「和尚、一転語を代えて、貴《とうと》らくは野狐を脱さしめよ」。

まずこの悲痛な老人の嘆願は、もうそれだけで野狐身を脱する一歩手前にきています。

「百丈云わく、不昧因果」。

百丈が老人の背をドンと押して野狐身から脱却させました。「因果を昧《くら》まさず」とは？

これが大きな落とし穴です。不落因果に捉われても、不昧因果に捉われてもダメです。

だから弟子の黄檗が、居並ぶ修行者たちを前に、わざと臭い芝居をしてみせました。

「古人錯《あやま》って一転語を祇対《したい》して（まさに不落因果と答えて）五百生野狐身に堕すと。転々して錯《あやま》らずんば、箇のなんとかなるべき」。

この老人、不落因果と答えて野狐に堕したが、不昧因果と答えたら仏陀にでもなりましたか、という皮肉です。

「近前来、なんじがために道《い》わん」。

ちょっとこっちへ来い。何に生まれ変わったか、おまえだけに教えてやろう。すると黄檗は百丈和尚に近づいてピシャリとひっぱたきました。その手に乗るか、といったところです。

「百丈、手を拍《う》って笑って云わく、将《まさ》に謂《おも》えり、胡鬚《こしゅしゃく》赤と。更に赤鬚胡《しゃくしゅこ》有り」。

百丈は大満足で、こやつにひっぱたかれて、不落も不昧も帳消しになったと喜んでいます。

釈尊の仏法を、十二縁起、四諦、因果律などでいくら説明しても、いっこうに届きません。薬の効能書きにも劣ります。つまり修行僧が「大修行底の人、因果に落ちるか否か」

と問うのは、そこには単なる法執があるのみです。真理も拘《こだわ》れば錯誤です。

ちなみに、この「百丈野狐」の公案《こうあん》（問題）は、なかなか透過し難い則《そく》です。専門道場の室内で実際に老師によって出される設問は次のようです。


「不落因果とは」。

「不昧因果とは」。

「火葬に付したものは何か」。

「『転々して錯らずんば、箇の何とかなるべき』とは何になるのか」。

「『将に謂えり、胡鬚赤と。更に赤鬚胡有り』とは」。

（これより拶処《さっしょ》〔応用問題〕）

「不落因果と不昧因果とどう違うか」。

「因果を昧まさずは了解した。試みに因果を味ましてみよ」。

「百丈山裏になぜ野狐の死骸があったか」。

「野狐の境涯を述べよ」。（この野狐の境涯が本則の妙味です。）

四　「無智　亦無得」――悟りも捨てる

悟りは般若智、ここでいう「智」です。よって、「無智」とは悟りさえ捨てる、空じるということです。悟りを忘れ果てるということです。

また「無得」の得は悟りの対象、証得の意で、それは法であったり、真如であったりしますが、「無得」であるということは、「無智無得」で、悟りと悟りの対象は区別できない、一如だということです。

とすると当然、私たちが喜怒哀楽しているこの煩悩の娑婆世界も、そのままが空じられて「無智無得」であるわけです。悟りも迷いも区別したり差別したりすることがないということは、この娑婆世界がそのまま大涅槃であり、「当処即ち蓮華国（極楽）」ということです。

涅槃も蓮華国もむろん仮の方便ですが、単に方便というより、禅定（坐禅）によって直覚的に捉まえられるものといえます。修証一如が無智の姿です。

最澄『摩訶般若心経釈』に、

無智とは証智の無を明かし（無智とは、悟りの無なることを明らかにし）、無得とは所証の無を明かす（悟りの対象世界もまた無だと明らかにする）。是《かく》の如き実際平等の法中には（このような絶対平等である真理においては）、能所智得の分別無し（主客の区別や悟りと悟られるものの区別もない）。

五　釈尊はどう説いたか？

「縁起」について。

比丘たちよ、きょうはなんじらのために〈縁起〉ということと、および〈縁生〉ということについて語りたいとおもう。なんじらは、それをよく聞いて、よく考えてみるがよい。

比丘たちよ、まず縁起とはなんであろう。

比丘たちよ、生あるによりて、老死あり。

このことは、如来が世に出ようとも、もしくは如来が世に出なくても、定まっていることである。法として定まっていることである。法として確立していることである。すなわち相依性（原因と結果の関係性）なり。

比丘たちよ、縁生とはなんであろうか。比丘たちよ、老死は無常である。縁生である。そして滅尽の法である。

（註）縁生＝条件があって生じるもの。絶対存在ではないこと。よって、その条件を滅尽すれば克服できる。老死の条件は生であり、生への愛着を除くと克服される。

（『相応部（雑阿含経）』）

世の中で感官による接触は何にもとづいて起るのですか？　また所有欲は何から起るのですか？　何ものが存在しないときに、〈わがもの〉という我執が存在しないのですか？

名称と形態とに依って感官による接触が起こる。諸々の所有欲は欲求を縁として起こる。欲求がないときには、〈わがもの〉という我執も存在しない。形態が消滅したときには〈感官による接触〉ははたらかない。

（『小部（スッタ・ニパータ）』）

「四苦」について。

「苦」

一切の形成されたものは苦しみである（一切皆苦）と明らかな智慧をもって観るときに、ひとは苦しみから遠ざかり離れる。これこそが人が清らかになる道である。

「生苦」

人間の身を受けることは難しい。死すべき人々に寿命があるのも難しい（死すべき命なのに、今生きているのは有り難い）。正しい教えを聞くのも難しい。もろもろのみ仏の出現したもうことも難しい。

「老苦」

最上の真理を見ないで百年生きるよりも、最上の真理を見て一日生きることのほうがすぐれている。

「病苦」

何の笑いがあろうか、何の歓びがあろうか？　世は燃え立っているのに（無常であり万物が生滅しているのに）。汝らは暗黒（死病の宿命）に覆われている。どうして灯明（悟りの智慧）を求めないのか。

「死苦」

子も救うことができない。父も親戚もまた救うことができない。死に捉えられた者を、親族も救い得る能力がない。

（『小部（真理のことば〈法句経〉）』）

＊寄り道コラム⑥「幽玄から侘《わ》び、寂《さ》びへ――否定の美学」

日本文化史において室町期のそれは、ひとつの頂点に達したといわれています。室町文化の底流をなす美意識は「幽玄」から「侘び」、「寂び」へと続いていきます。そしてそれらは皆ながら逆説的な否定の美意識であり、無常の体現でありました。

「幽玄」

遣唐使の中止によって平安貴族宮廷では、「みやび」、「もののあはれ」という国風文化が培《つちか》われました。それはやがて平安末より鎌倉初にかけて、歌道における「幽玄」という高度な技巧的美意識に変貌していきます。

定家の父、俊成は歌合せ判詞に、「姿、既に幽玄の境に入る」、「幽玄にこそ聞こえ侍れ（幽玄さが優れている）」など頻繁に使用しましたが、連歌師の心敬は幽玄を「心にありて詞《ことば》にいはれぬものなり」として、単に奥深い趣き、深遠な優美などの貴族風では括《くく》れないことを示唆しています。

その言うに言われない境地は、まさに室町期の中楽能《さるがく》の大成者、世阿弥によって伝書という形で言語化されました。

幽玄の風体《ふうてい》の事、諸道・諸事に於いて、幽玄なるを以て上果《じょうか》とせり。ことさら当芸に於いて、幽玄の風体第一とせり。

(幽玄の姿というものが、諸道・諸事において理想的だ。ことに能の芸風としては第一である。)

(『花鏡』)

さらに世阿弥は幽玄を超える境地として「妙《みょう》」を能の最高美としています。それは歌道の文学的美意識たる幽玄から、能の演劇的身体所作の美、妙への深まりを意味します。

妙と云《い》っぱ、言語道断、心行所滅なり。夜半の日頭《じっとう》、これまた言語の及ぶべき処か。如何《いかん》。然れば当道の堪能《かんのう》の幽風、褒美《ほうび》も及ばず、無心の感、無位の位風の離見《りけん》こそ、妙花にや有るべき。

(妙というのは、言葉も及ばず思慮分別も届かない境地だ。いわば夜間の太陽と同じで説明のつかない世界だ。具体的にどういうことか。あえて言うなら、申楽能の名人の幽玄さは、褒める言葉もなくただ心を奪われて感嘆するということだ。普通の芸の位を超越して、凡人の見地を超えているから、妙花であるというべきだ。)

（『九位』）

ここでは、言語道断、心行所滅、夜半日頭、無心、無位、離見などの仏教語・禅語が多用されているのが興味深いところです。能では禅に関わる演目は数曲しかありませんが、幽玄から妙へ到る向上底は極めて禅的です。次の言葉など。

妙とは絶《た》へなり。絶へなると云ぱ、形なき姿なり。形なきところ、妙体なり。

（『花鏡』）

妙《みょう》は妙《たえ》であり、絶えでもあります。幽玄が極まって、形なき姿、無の自在なハタラキとして、無心の所作まで到達したのです。

ただし、幽玄も妙も、ただいたずらに無駄をそぎ落としていく芸風に腐心していたのではありません。その背後に豊饒な貴族的優雅、優美が裏打ちされているのです。そのなによりの証拠に華麗な能装束があげられます。否定の美学は大肯定を内蔵して初めて豊かになります。

「侘《わ》び」

侘びは、「侘び住まい」などのように、零落、失意のどん底のニュアンスを持つ、否定感たっぷりの言葉です。本来は美意識など潜《もぐ》り込む余地などありません。ほんとうに生活に困窮したひとの意識の全体は飢えの一事あるのみで、美意識としての侘びとは無縁なのです。

美意識としての侘びには、やはり何らかの精神的余裕が潜んでいるのです。その極致が茶の湯の「侘び数寄」でしょう。利休が完成したといわれる侘び茶は、四畳半小間の草庵で繰り広げられる、一座建立の対話劇ともいえるものです。

が、その侘びぶりは「数寄」という豪商、大名たちの骨太な趣味性に支えられていますす。洗練された豊富な茶道具を背景としながらも、清貧簡素な風情に無量の精神性を汲もうとします。やや逆説的ですが、豊かで引き締まった精神美が侘び数寄の生命でしょう。侘びの数寄ぶりは、明治以降の財閥創業者たちにまで継承されてきたのです。息の長い文化です。

いずれにしろ侘び茶の理想世界を利休自身が簡潔に語っています。

さてまた侘びの本意は、清浄無垢《しょうじょうむく》の仏世界を表して、この露地、草庵に至りては、塵芥《じんかい》を払却《ふっきゃく》し、主客ともに直心《じきしん》の交わりなれば、規矩寸尺《きくすんしゃく》、式法等、あながちに云うべからず。火を起こし、湯を沸かし、茶を喫するまでのことなり、他事あるべからず。　　　　　　　　　　　　　　　　（『南方六』）

まず利休は、侘びの本質は、清浄無垢の仏界だといいます。これはやや意外でしょう。利休は常より、小座敷の茶の湯は第一に仏教の教えをもって修行し、悟りを開くものと言っていました。もっと言うと、茶の湯は釈迦や禅祖師の修行のあとを追体験することだというのです。

となると、侘び数寄の茶の本質は趣味や遊興ではなく、真剣そのものの修行ということになります。

次に利休は、侘びとは直心の交わりだといいます。直心とは「直心是れ道場」（維摩経）で、分別心の起こる以前、父母未生以前本来の面目です。直心の交わりは唯仏与仏で、仏の交わりとなります。具体的には雑念や図りごとのない無心の交わりです。

そして「規矩寸尺《きくすんしゃく》、式法等、あながちに云うべからず」で、点前《てまえ》や客の作法などに捉われず、ただ火を起こし、湯を沸かし、茶を喫するだけで、ほかには何もない、と。

まとめると、侘び茶とは、仏道修行であり、無心の交わりとして、ただ茶を飲むだけとなります。だとしたら、「侘び」とはすべての無駄をそぎ落とした境地、禅でいうなら只管打坐、すなわち、ただひたすら坐禅するという厳しい境地に匹敵することになります。

こうした利休茶道の源流は、侘び茶の祖、村田珠光の「冷え枯れ」にみることができます。

枯るるということは、よき道具を持ち、その味わいをよく知りて、心の下地によりて、たけくらみて、後まで冷え痩せてこそ面白くあるべきなり。

（『心の文』）

冷え枯れるとは、まずよい道具を持つことです。これは道具の目利きができるほど経験を積んだ裕福な階層を意味します。

そして十分に経験を積んで、ものの味わいを知り、その心の下地をもとにして成長円熟して、やがてたどりつく境地が、「冷え枯れ」という透徹した無駄のない無一物の境地です。

村田珠光、武野紹鴎、千利休と続く系譜によって、「侘び」の真意は、冷え枯れのように、煩《わずら》わしい道具や作法に習熟した果ての、ただひと盌《わん》の茶へ行き着くことが見て取れます。

茶道を習ったひとなら分かるでしょう。煩雑な点前を克服して我が物顔に自由に主客が語り合うお茶事の面白さ。その極致が、ひと盌の茶を喫するという「侘び」だということです。

「寂《さ》び」

寂びとは、劣化です。金属の錆びは元来、寂びです。ではどんな美意識でしょうか。定家の和歌です。

見渡せば　花も紅葉《もみじ》もなかりけり　浦の苫屋《とまや》の　秋の夕暮れ

直訳すると、見渡すと春の桜や秋の紅葉《こうよう》といった華やかな風情はまったくない。ひとけない漁村の網小屋ばかりがある秋の寂しい夕暮れだ、となります。

しかし、この歌には仕掛けがあります。これまた逆説の美意識です。「桜も紅葉もない」と言われたとき、脳裏にパッと鮮やかな春爛漫の花々、錦秋の紅葉が思い浮かぶのです。そこへ強烈な無色の浦の苫屋の秋の夕暮れという否定の美学、閑寂な「寂び」です。

寂びは、芭蕉の蕉風俳諧に受け継がれたといわれますが、芭蕉自身が寂びについて言及したことはないようです。しかし芭蕉の俳諧師の基底はあくまで寂びと風狂の世界でした。

月日は百代の過客にして、往きかふ年月もまた旅人なり。舟の上に生涯を浮かべ、馬の口とらへて老いを迎ふる者は、日々旅にして旅を住みかとす。古人も多く旅に死せるあり。予もいづれの年よりか、片雲の風にさそわれて、漂泊の思ひやまず。

（『奥のほそ道』）

江戸初期におきた町人文化、俳諧は宗匠を点者と仰いで、その門弟たちが句の優劣を競う文芸サロンを形成していました。芭蕉も伊賀上野から江戸へ出て、いっぱしの宗匠として立机《りつき》（デビュー）しましたが、やがてあきたらず旅に出ます。その心情を語りつくしたのが右の文です。しかし、たんに漂泊の思いやまず、という思い付きや風狂が動機ではありません。

西行《さいぎょう》の和歌における、宗祇《そうぎ》の連歌における、雪舟の絵における、利休の茶における、その貫道するものは一《いつ》なり。

と、ちゃんと歴史上の文化人を挙げ、自分がその延長線上にあることを示唆します。

これは明らかに確信犯で、文字通りの寂びでも、止むにやまれぬ風狂でもありません。
芭蕉の漂泊は漂泊ではなく、現代風にいえば旅行社のパックツアーです。行く先々の行程も宿泊先も、芭蕉門下たちの家々を訪ね泊まり、句会を開き謝礼を得るという、商売であり、まさにアイドルの地方巡業でした。

『奥の細道』にいたっては、秘書の曽良を伴い、綿密な道中日記というアリバイ資料を書かせ、将来『奥の細道』のどこが芭蕉の創作シーンであるか、後世の研究資料も用意してありました。『奥の細道』は接待漬けの記録であって、あてどない漂泊ではありません。

もうお分かりと思いますが、芭蕉の寂びは、幽玄や侘びと同じ逆説の美意識でできています。芭蕉は寂びしい風狂、漂泊のひとではなく、時代の寵児でありました。

それでもなお、芭蕉は厳しい寂びの世界を超俗的に描きえたのです。つまり芭蕉門下の檀那衆にまったく毒されなかった強靭さがあったに違いありません。

綺羅星のごとく多彩な門人たち。彼らとの盛んな交流のなかで、その孤独がいっそう際立った境涯こそ、芭蕉の「寂び」の在りかなのです。

この道や　行くひともなし　秋の暮れ
旅に病んで　夢は枯れ野を　かけめぐる

第七章　無所得から不可得へ

「以無所得故　菩提薩埵　依般若波羅蜜多故　心無罣礙　無罣礙故　無有恐怖　遠離一切顛倒夢想　究竟涅槃」

（無所得《むしょとく》の故《ゆえ》に、菩提薩埵《ぼだいさつた》は、また般若波羅蜜多《はんにゃはらみった》に依《よ》るが故に、心《こころ》に罣礙《けいげ》無く、罣礙が無い故に、恐怖《くふ》有ること無し。一切の顛倒夢想《てんどうむそう》を遠離《おんり》して、涅槃《ねはん》を究竟《くぎょう》する。）

一　「以無所得故」——無所得という宇宙

前章で「無智亦無得」とありましたが、ここでも「無所得」というよく似た言葉が出てきます。しかし無智・無得とセットで書かれた場合は、悟りも悟りの対象となる法理もない、となります。

一方、「無所得」の場合は、要するにいままで全部を無で否定して、部派仏教的法理を否定して、無分別智、般若智を前面に出してきたわけですが、そこのところをまとめて「無所得」というわけです。

そうすると、この無所得は何か究極的なことをいっているのだと考えられます。そのことを、このあと菩薩の般若智として再び取りあげるわけです。

金剛経の一節に次のようにあります。

世尊は須菩提に告げた、「そなたの意見はどうか。如来は昔、燃燈仏の所に在って、法に於いて所得有るや不《いな》や」。

「不《いな》なり世尊よ。如来は燃燈仏の所に在って、法に於いて実に無所得であります」。

須菩提は世尊に言った、「世尊よ、無上の正しい悟りを得て、無所得と為すや」。

世尊は言った、「その通り、その通りだ」

ところで、無所得なのは「本来無一物」だからです。禅の初祖達磨から数えて五代目、五祖弘忍《ぐにん》は跡取り（法嗣《はっす》）を既に決めていましたが、諸般の事情でひと芝居打って、「わしの会下《えか》（門下）には七百人ほどの修行者がおるが、我と思わんものはその悟境を偈《げ》（詩）にして壁に貼り出せ」と告知します。

はたして会下第一の法嗣候補者と自他ともに認める神秀ただひとりが応募しました。その偈は次のようです。

身は是れ菩提樹《ぼだいじゅ》　心は明鏡台の如し
時々《じじ》に勤めて払拭《ふっしょく》し　塵埃《じんあい》を惹《ひ》かしむること莫《な》かれ
（この身体は菩提《さとり》の実《み》を結ぶ樹であり、心は清浄な鏡のように一点の曇りもない。
常に修行に励んで、煩悩のホコリを付けぬよう心掛けよ。）

ところが、この偈に疑問を抱《いだ》いたのが米搗《つ》き小屋の寺男（僧ではない）、盧行者《ろあんじゃ》で、実はこの男こそ五祖弘忍の意中のひとでした。盧行者が童子に託して壁に張らせた偈。

菩提本《もと》樹無し　明鏡また台に非《あら》ず
本来無一物《ほんらいむいちもつ》　何《いず》れの処にか塵埃を惹かんや

（菩提《さとり》に実体など無い。だから不垢不浄で、鏡などに例えようもない。
本来無一物。煩悩などに汚されようもない。）

やや後出《あとだ》しジャンケンのきらいがありますが、「本来無一物」と、ビシッと決めました。よって盧行者は五祖の思惑通りに法を継いで六祖慧能となり、多数の傑僧を輩出して中国禅を決定的なものにしました。

いまひとつ。蘇東坡《そとうば》『東坡禅喜集』から。

紈素《がんそ》　画《えが》かざれども　意　高きかな　若《も》し丹青を著《つ》くれば　二に堕し来る
無一物中無尽蔵　花有り　月有り　楼台有り
（白絹は何も描いてなくとも風情がある。へたに彩色すれば二元世界の分別に墜ちる。
無一物だからこそ、花、月、楼台……、何でもいくらでも収蔵できるのだ。）

まさに無一物も無所得も、広大な無限定宇宙そのものです。
しかし私たちは実生活において、現実として無一物だから無所得だ、という実感はまったく抱くことはできません。なにしろ生活圏には物が溢れていて、それなりに手に入れられる社会です。無所得という実感はどこを探してもないわけです。問題は、いかなる所得もその本質においては一時的で仮のものだということです。私たちは、本当は何ものも永久には所得所有できないし、すべて仮の間に合わせに過ぎません。物ですら無所得なら、心はなおさら、ということになります。無所得の世界は広大無辺といいましたが、広大無辺とは無所得以前の問題であって、もとより不可得なのです。よって物心ともにその空性によって元来、不可得です。金剛経の一節。

過去心不可得　現在心不可得　未来心不可得

徳山禅師は、金剛経のこの一節をきっかけに大悟しましたが、悟りを開く前、実は彼はもとより金剛経の学僧であり、「周金剛」と呼ばれるほど、その名が知られていました。にもかかわらず、徳山は金剛経の空観の何たるかを分かっていなかったのです。次の話は徳山が金剛経を講じるために全国を行脚していた頃のことです。

徳山は金剛経（の註釈書）を背負って澧陽《れいよう》にやって来た。路上で婆さんが餅を売るのをみて、荷をおろして休息することにした。徳山が餅を注文すると、婆さんが荷を指して訊いた、「この荷にはどんな書物が入っておいでか」。徳山は云った、「金剛経」。するとと婆さんが云った、「それなら訊きたいことがある。答えられたら餅を供養しようが、答えられなんだらトットとよそへ行っとくれ。金剛経に、過去心不可得、現在心不可得、未来心不可得とあるが、お坊さんはどの心で餅を喰いなさる」。

徳山は言葉に詰まった。そしてたまらず訊いた、「この近くに（あんたに入れ知恵した）えらい和尚がおられよう」。婆さんは云った、「五里ほど行くと龍潭《りょうたん》という和尚がおられる」。徳山はさっそく龍潭の寺へ赴いた。

徳山は寺の法堂に入って云った、「久しく龍潭の名が鳴り響いているが、来てみれば潭（深い淵）も見えず、龍もおらんわ」。

龍潭、「とっくに龍潭の懐《ふところ》に入っておる（だから見えぬ）」。

徳山は言葉に詰まった。よって龍潭のもとにワラジを脱いで参禅することになった。

ある夜、徳山は龍潭と遅くまで話し込んでいた。

龍潭、「夜も更けた、もう下がりなさい」。

徳山は挨拶して外へ出たが、真っ暗であったので戻って云った、「外は真っ暗です」。

龍潭は紙燭《ししょく》（手燭）に火を点《つ》けて徳山に差し出した。
徳山がそれを受け取ろうとした瞬間、龍潭はふっと手燭を吹き消した。
徳山はハッと大悟した。そして礼拝した。
龍潭、「おまえさん、いったいどんな道理を見たのか」。
徳山、「今後、祖師方の言葉を疑いません」。
徳山は翌日、法堂の前に金剛経を積み上げて焼き払った。

（『五灯会元』「徳山宣鑑」）

龍潭によって手燭を吹き消され、瞬時に闇に突き落とされたとき、徳山はまさに「空」に打撃されて身心ともに覚醒しました。

「過去心不可得、現在心不可得、未来心不可得」が、ただ一瞬の心不可得にピタリと収まりました。龍潭に「箇の什麼《なん》の道理をか見る」と訊かれて、その道理を得意になって説かなったのが、本物の証拠。「今従《よ》り以後、更に天下の老和尚の舌頭《ぜっとう》を疑わず」と、故意に本筋をはずしています。

このひとが後《のち》に「道い《い》得るも也《ま》た三十棒、道い得ざるも也た三十棒」と、痛棒を揮《ふる》う大禅匠「棒の徳山」になりました。それを龍潭はとっくに見越して予言しています。

「牙、剣樹の如く、口、血盆に似たり。一棒に打てども頭《こうべ》を回《めぐら》さず」。（牙は剣樹のようで、口を開ければ血が滴る人食い虎のようなやつだ。棒でぶん殴っても振り向きもしない。）

「不可得」は、このように世界の本質である空に触れた瞬間の、強烈な人間体験です。その最も象徴的で鮮明なシーンが、雪舟描くところの「慧可断臂《えかだんぴ》」のエピソードに表明されています。

達磨が面壁していた。
慧可は雪降るなか立ち続け、やがて自ら臂《ひじ》を断ち切って云った、「私の心は未《いま》だ安《やす》んじておりません。師よ、どうか私の心を安んじてください」。
達磨、「その心というものを持ってこい。おまえのために安んじよう」。
慧可、「心を求め続けましたが、ついに不可得」。
達磨、「おまえのために心を安んじ終わったぞ」。

（『無門関』「達磨安心」）

これは、釈尊から摩訶迦葉、阿難と続く真正の法系第二十八祖、インド僧、ボーディ・ダルマが中国人慧可に伝法したシーンです。それは不可得世界を伝えたシーンでもあります。

慧可は、出家前は神光という文人貴族の超インテリでしたが、常より「孔子や老子の教えは、結局は世間の世渡り術だ。荘子や易経は宇宙の摂理に触れているが、未だ妙理を尽くしていない」と嘆いていました。

そこへ、インドから釈迦直伝の仏法の体得者、菩提達磨が嵩山少林寺に来ていると聞いて入門を願い出ました。しかし達磨は面壁して坐禅するばかりで、まったく振り向きもしません。何度通っても同じこと。神光はついに意を決して十二月九日、豪雪のなかを徹夜で懇願し立ち続けました。

「明けに到って雪膝を過ぐ」です。朝になってようやく達磨は振り向いてくれました。

達磨、「おまえはずっと雪中に立っていたが、いったい何を求めているのか」。

神光、「和尚様にお願いいたします。慈悲と甘露の法門を開いて迷える衆生を救済《すくい》ください」。

達磨、「諸仏無上の妙道は、生涯かけて精勤し、行じ難きをよく行じ、忍び難きをよく忍んで成就するものだ。お前のような小賢《こざか》しい知恵や軽率な慢心をもって仏道の真理を知らんと願うのは、いたずらに苦労して無駄骨をおるだけだ」。

神光は達磨の手厳しい訓戒を聞いて、自ら臂を断ち切って入門の覚悟を見せた。達磨は入門を許して慧可と安名した。

（『五灯会元』「初祖達磨」）

神光がまるで他人事のように「悩める衆生を救いたまえ」と言ったことに、達磨はカチンときて懇々と説教しました。必死の覚悟のない小インテリなぞに、はるばるインドから禅仏教を伝えに来た達磨の命がけの伝道など分かりようもありません。よって「断臂」の覚悟なくしてインドから中国への異文化間の伝法など不可能なのです。

しかし、入門した慧可は仏法が広大すぎて、どこからどう手を付けてよいかさっぱり分かりません。肝心の達磨は壁に向かって坐禅するばかりで何も教えてくれない。慧可は不安とあせりで、ついに達磨に泣きつきました。

慧可、「弟子、心未だ安からず。乞《こ》う師よ、ために安心《あんじん》せしめよ」。

仏法どころか日常の生活のうえでさえ不安の心に揺れていますから、どうにも質問のしようがない。それでまるで子供のように「心が不安でたまりません」と正直に泣きつきました。

こういう型にはまらない率直な問答はめずらしい。非常に新鮮でまた現代に通じる普遍性があります。まさに宗教の根本は「不安」の解決ですから。

達磨、「心を将《も》ち来たれ。汝が為に安んぜん」。

質問が単純直接なら、答えはもっと単純率直です。「その不安の本体である心を持ってこい。わしが安んじてやろう」。

さて慧可の心探しが始まります。時間は書いてありませんが、数か月か数年か。

慧可、「心を覓《もと》めるに了《つい》に不可得」。

何日も何日も、寝ても覚めても「心」というものを探し求めましたが、「ついに不可得」でした。この「ついに」が慧可の血涙です。刀折れ矢尽きたのです。

達磨、「汝が為に安心《あんじん》し竟《おわ》んぬ」。

慧可よ、お前の全身全霊が「不可得」でいっぱいになったではないか。「不安」だの「心」だの仏法だの、余計なものの入るスキは一滴もない。ただ不可得を行じ、不可得に生き、不可得に死にゆく、これに勝る安心はない、ということでした。

二　「心無罣礙《むけいげ》」——大安心《だいあんじん》の世界

「菩提薩埵《ぼだいさった》は般若波羅蜜多に依る」とありますが、菩提薩埵はボーディサットヴァの音写ですから菩薩ですが、それは観自在菩薩のような大菩薩ではなくて、一般菩薩です。中村本では「諸々の求道者」であり、竹村本では「大乗仏教徒である菩薩は」と、わざわざ書き分けています。

つまり、大乗仏教徒であり修行者であれば、その条件として六波羅蜜を修するわけですが、ことさら、第六番目の智慧波羅蜜こそが六波羅蜜すべてを内包するので、「菩薩の修する智慧波羅蜜、すなわち般若波羅蜜によって」となります。

そして菩提薩埵は、その般若波羅蜜の般若智において、究極として世界の空性を見とおせば「心に罣礙なし」となります。

心になにも引っ掛かるものがありません。なにも差し障るものがありません。いかなる束縛も受けません。心を覆《おお》うような三毒、執着、妄想などの煩悩がありません。いえ、それらすべてがあっても、引っ掛からないのです、引っ張られないのです。

この段は盤珪の言葉がぴったりです。

右一切事中なんの事もなく、財宝でも取ることもなく、捨てることもなく、なんでもかんでも、仔細もなく、ありのままで分別なければ、何を煩悩と立ち、嫌ひもなく、何を菩提と云って、得べきこともなく、況《いわん》や一切のこともその如くなるべし。かくの如く所得なきを、真の「菩提薩埵」と云ふ。「般若波羅蜜に依りて」と云ふなり。この時、心にかかはりさはること（関り碍《さわ》ること）なきなり。碍りなければ、恐怖のおそれなきなり。おそれなきとて、おこがましきことにはあらず。故に返す返すも菩提薩埵の般若波羅蜜のと云ふ色々の名に迷ふことなかれ、みなほめたる名と心得べし。

私たち日常において「気にかかる」ことは山ほどあります。あるいはハラスメントのような心に覆いかぶさることは、誰もが苦しむところです。これら現代人特有の心の課題をどう乗り越えるべきか。

しかし、この般若心経は、既に二千年前から、いやはるか昔から人間の苦悩は何一つ変わっていないことを示しています。心の罣礙、恐怖など、人間の根本苦は時代の流れとは無関係に人間が背負った問題なのです。

そのことを仏教が、なにより一番の問題だと提示しています。般若智を磨け、という般若心経の声を聴くべきではないでしょうか。

三　「遠離一切顛倒夢想《てんどうむそう》」——価値観の顛倒がもっとも怖い

先に紹介しました「鏡　清雨滴声《きょうしょううてきせい》」を思い出してください。

鏡清、「門外《もんげ》是れなんの声ぞ」。

僧、「雨滴声」。

鏡清、「衆生顛倒して己《おのれ》に迷うて物を逐《お》う」。（みな目先のものに捉われて迷う。）

とありました。「顛倒夢想」とはまさに、私たちの日常茶飯事です。その果て知らぬ繰り返しです。私たちは物に付いて回り、引きずられて自分の本分を見失います。その錯覚が無限に連鎖してひとつの人生観を形成します。それがアイデンティティや個性《キャラクター》と呼ばれる顛倒夢想状態です。「私は、ひとと違うぞ」という自己顕示が、世界を丸ごと自分の身びいき趣味に取り込み、自己満足に浸り、それを他人に押し付けます。

禅語に「夜郎自大《やろうじだい》」という言葉があります。一枚悟りを警告する語です。白隠も、ひとたびは見性大悟して、「三百年来、わしほど痛快に悟ったものはおらん」と豪語して、正受慧端のところで徹底的に「この穴倉禅坊主」とののしられ、一枚悟りの顚倒夢想を蹴散らされましたね。このように拭《ぬぐ》っても拭っても、顚倒夢想は拭いきれないものです。

『史記』「西南夷列伝」に、前漢末期「夜郎」という小国があって、漢が使節を派遣したとき、夜郎王が「漢と我といずれが大なるか」と言ったという笑い話がのっています。

そこから、周囲の状況も飲み込めない自信過剰な人間を「夜郎自大」といいます。白隠ですら「わしほど痛快に悟ったものはおらん」と、ひとたびは顚倒夢想したのですから、厳しい修行をすればするほど陥《おちい》りやすいのが夜郎自大症候群でしょう。

また逆に、自己卑下や卑屈なども顚倒夢想といえましょう。せっかく人間に生まれながら自分の能力を限定してしまい、尊い人生をうかうかと無自覚にやり過ごしてしまいます。

「遠離一切顚倒」で、一切の誤った判断、錯覚から解放されます。「遠離」は相対的な遠近ではなく、絶対的な無限の距離です。サンスクリット原本には「一切」と「夢想」はないそうですが、この二つを加えたことで、人間がいかに顚倒に縛られるかの経験知を感じます。

人生そのものが顚倒夢想といえるでしょう。人生において、真理とは何かよりも、いま自分がどんな立場にいてどう思われているかが優先されますから、顚倒夢想によらなければ世間は渡れません。

それでも仏教は、顛倒夢想を指摘しなければならないのです。釈尊の生涯とは、そのためにあったとさえ私は思います。

仏教の三法印は、「諸行無常、諸法無我、涅槃寂静」でした。つまり、一切の顛倒夢想を遠離して、諸行無常、諸法無我を直視したとき、究境涅槃であり、そこに涅槃寂静が展開するということです。

言葉で言えばただそれだけのことです。多忙な人生の日暮らしに、無常・無我といってもどう響き、どう届くのでしょうか。「すべては移ろい、形あるものは滅びる」といっても、そんなことは日々の出来事で誰でも充分承知しています。

それでも釈尊は無常・無我を言い続けたのです。「そんなことは分かっている」ではなく、この地上の生物で、人間だけが無常・無我観を獲得できるということです。自然界の森羅万象は、無常・無我の当体であって、ただ身を任せる「安心境」にいるわけです。ことさら無常・無我の認識など持つ必要がありません。

ただ、人間だけが限りある命を知ってしまったのです。ですから、無常・無我観がただ一度しかないこの命の核になるのです。無常・無我観によって、今日一日が自分のかけがえのない一日として送ることができるのです。

その自覚は、そのまま世界と不可分にある自分の実存の直観的目覚めを意味するのです。般若智の発動の現場に立つのです。そのとき、もはや心に障りなく、生存への不安と恐怖はありません。大安心の世界です。

四 「究竟涅槃《くぎょうねはん》」——涅槃に到り、涅槃から出発する

「究竟涅槃」という語はすこし分かりにくいと思います。中村本は「永遠の平安に入っているのである」として、明解です。

明解ですが、涅槃、ニルヴァーナあるいは煩悩の火が消えた状態、いずれも体験的世界ですから、涅槃の内容はやはり分かりにくいのです。

毎度のことですが、経験しなければ分からないと言い切ってしまっては、この般若心経全体がそうなのですから、振り出しに戻ってしまいます。やはりアプローチはすべきでしょう。

中村本の「究竟涅槃」の註に、ニルヴァーナの意味を説いた小部経典『ウダーナ』（初期パーリ経典）の引用があります。

修行者たちよ、そこには地も水も火も風もなく、空間の無限もなく、識の無限もなく、無一物もなく、想の否定も非想の否定もなく、この世もかの世もなく、日も月も二つながらない。修行者たちよ、わたしはこれを来たともいわず、去るともいわず、住ともいわず、死ともいわず、生ともいわない。よりどころなく、進行なく、対象のない処、これこそ苦の終わりであると、わたしはいう。修行者たちよ、生じないもの、成らぬもの、造られないもの、作為されないものがある。修行者たちよ、もしその、生ぜず、成らず、造られず、作為されないものがないならば、そこには、生じ、成り、造られ、作為されたものの出離はないであろう。修行者たちよ、生ぜず、成らず、造られず、作為されないものがあるから、生じ、成り、造られ、作為されたものの出離があるのである。

ここではまず、あらゆる否定のオンパレードで、しかもそれらは今まで般若心経のなかで見てきた否定と内容的には同じといえましょう。

ただ、この説明のおもしろいところは、涅槃、ニルヴァーナが「出離」といわれていることです。存在や現象が非存在や非現象へと出離していく場所が涅槃であるわけです。

存在の向こう側に涅槃として空やカラッポがあるのではなく、存在のうちに既に非存在への出離という運動、ムーヴメントが内在されている、という感じです。

それはまさに「此岸から彼岸」という済度のムーヴメントそっくりです。しかも私たち身心にもその運動、出離が内在している。涅槃や彼岸は私たちの外にあるのではなくて、仏性という運動、活動そのものが先天的に具わっている、ということです。

ですから「般若波羅蜜多に依る」とは、この仏性のハタラキによって、我がうちに涅槃が実現することであり、けっして悟りの対象としての涅槃が、法理として証明されるわけではないのです。

そして我がうちに涅槃が実現するということは、そのまま涅槃として現実世界に再び出離することです。なぜなら涅槃は私たち煩悩娑婆世界そのものなのであり、彼の岸などではないからです。

煩悩は消滅することはありません。それは心意識が活動している限り、顛倒夢想として活動するからで、その煩悩すらも涅槃を内在していると覚醒することが求められるわけです。

究竟涅槃に到り、究竟涅槃からの出離があって初めて、このジタバタした人生の幾分かが、釈尊の思いに応えられたというべきでしょう。

彼岸がなければ此岸が出離できない。此岸がなければ彼岸が出離できない。まさに煩悩がなければ菩提の出番がないのです。

趙州の説法です。

金仏《こんぶつ》、炉を度《わた》らず。木仏《もくぶつ》、火を度らず。泥仏《でいぶつ》、水を度らず。真仏《しんぶつ》、内裏に坐す。菩提・涅槃・真如・仏性。尽《ことごと》く是れ貼体《じょうたい》の衣服なり。亦た煩悩と名づく。問わずんば、即ち煩悩無し。実際理地什麽《なん》の処にか著《お》かん。「一心生ぜずんば、万法咎《とが》無し」但《た》だ理を究めて坐すること、二、三十年せよ。若《も》し会《え》せずんば、老僧が頭《こうべ》を截《き》り取り去れ。

（金銅仏は鉱炉で熔ける。木仏は火に焼ける。泥仏は水で崩れる。見せかけでない真仏だけがちゃんと心中に坐している。同じように、菩提とか涅槃とか真如とか仏性とか、ただそれだけでは張りぼて衣服に過ぎず、煩悩とかわらない。外見に捉われて心にいちいち引っ掛からねば、煩悩など無いのだ。無の境地などと言っても、置き場所もあるまい。「分別心を起こさねば世界は在るがまま」と『信心銘』にもある。ただ仏法の真理を究明して二、三十年坐禅せよ。それでも悟れなかったらワシの首を斬り落とせ。）

（『趙州録』）

五　心に罣礙なし――荘子の世界・禅の世界

荘子（前三六九？～前二八六？）は、中国の戦国時代、宋の人。曾子と区別するために「そうじ」と濁ります。後世、老子と組み合わせて老荘思想、あるいは道家と呼ばれますが、老子と荘子はかなり違います。その最も顕著な違いどこにあるのでしょうか。

老子、「天下の物は有より生じ、有は無より生ず」。

無から有が生じ、有から物が生じるという老子の因果律は、その論でゆくと有（存在物）が無（非存在）から生じるという矛盾に突き当たります。

荘子、「物を物たらしむるものは物にあらざるなり」（「知北遊篇」）。（現象として存在する物は、名や概念に規定されるが、物を物たらしめる根源の理法は限定規定されない。）

では根源の理法とはなんでしょうか。それは始まりもなく終わりもない、自ずから生じ自ずから変化して（自生自化）、永遠に流転する無限世界です。それを荘子は「道《タオ》」と呼びます（道家）。

東郭子、「いわゆる道なるものは、どこにあるのですか」。

荘子、「どこにでもある（在らざるところなし）」。
東郭子、「もっと具体的におっしゃってください（期《かぎ》りてしかるのちに可なり）」。
荘子、「オケラの中にある（螻蟻《おけら》の中にあり）」。
東郭子、「そんな下等なものの中にあるんですか（なんぞそれ下れるや）」。
荘子、「稗《ひえ》の中にある（稊稗《いぬひえ》の中にあり）」。
東郭子、「また下等になりました（なんぞそれいよいよ下れる）」。
荘子、「カワラにもある（瓦甓《がへき》の中にあり）」。
東郭子、「ますますひどい（なんぞそれいよいよ甚だしきや）」。
荘子、「糞尿にもある（屎溺《しでき》の中にあり）」。
東郭子、応《こた》えず。

本来差別のない道の世界を、下等上等という分別差別でしか考えられない東郭子。道は到るところに露堂々と現れているのが彼には見えません。
禅は荘子の影響を受けているといわれます。

僧、「道とはどんなものですか（如何なるかこれ道）」。

趙州、「道なら垣根の外だ（墻外底《しょうがいてい》）」。
僧、「そんな道路のことではありません（這箇《しゃこ》を問わず）」。
趙州、「どういう道を訊いているのだ（什麽《なに》の道をか問う）」。
僧、「大道です（人間のあるべき生き方、または仏道）」。
趙州、「大道なら長安まで通っているぞ（大道、長安に通ず）」。

そこら辺の小道（日常の行い）も、天下の大道（仏道修行）も、みな悟りへ通じるのです。この道を体得し、道に生きる人間を、荘子では真人（しんじん。至人とも）といいます。「真人ありて而《しか》るのちに真知あり」（「大宗師篇」）。（何ものにも捉われない自由な生き方を持ち、真の意味の人間にしてはじめて、道という根源的自覚に達する。）

真人は道を師とし、道と一体です。真人は、現実の差別と対立の世界に身を置きながら、それらの根源にある「物の斉《ひと》しいところ」に眼を向けています。

「この人や、この徳や将《まさ》に万物を旁《あまね》く包んで以って一となす」（「逍遥篇」）。

さらに真人は無始から無終にわたる流れの中で、ただ自生自化しますから、遊戯三昧《ゆげざんまい》の人でもあります。

「万物の終わっては始まるところに遊ぶ」（「達生篇」）。

そして生死もまた区別なき世界です。

「死生を一条とし、可不可を一貫とす」(「大宗師篇」)。

死生、可不可の二元分裂がないところに、真人の大安心、無罣礙があります。

『臨済録』から。


臨済、上堂して云《いわ》く、「赤肉団上《しゃくにくだんじょう》に一無位《いちむい》の真人《しんにん》あり。常に汝ら諸人の面門より出入している。未だはっきり見抜けぬ者は、さあ看《み》よ、看よ」。

さっそく僧が出てきて問うた、「一無位の真人とはどんな人ですか」。

臨済は禅牀《ぜんしょう》をおりて僧の胸ぐらをつかんで云った、「道《い》え、いえ」。

その僧はぐずぐずして黙ってしまった。

臨済は僧を突き放して云った、「無位の真人が自己のうちに見えないなら、クソの値打ちもないわい」。


この「一無位の真人」は荘子のいう「真人」と同じか別か?

荘子は「道」と言い、「真人」と言いますが、そこへ到る実践を示してはいません。そこを臨済は厳しく問い詰めるのです。道も真人も、各人が自覚しなければクソの役にも立ちません。
いずれにせよ、道に遊ぶ真人とは、まさに心に罣礙なしの自由人といえるでしょう。

＊寄り道コラム⑦「無有恐怖《むうくふ》――恐れあることなし」

臨済宗専門道場では、禅堂内で『大慧禅師発願文《だいえぜんじほつがんもん》』を唱えますが、その一節に、こうあります。

「次に冀《こいねが》わくは某甲《それがし》、臨命終《りんみょうじゅう》の時、少病少悩、七日已前《しちにちいぜん》に、預《あらかじ》め死の至らんことを知って、安住正念《あんじゅうしょうねん》、末期自在《まつごじざい》に、此身《このみ》を捨了《すてお》わって、速やかに仏土に生じ、面《まのあた》り諸仏に見《まみ》え、正覚《しょうがく》の記を受け、法界《ほっかい》に分身して、遍《あまね》く衆生を度せんことを」と。

この文中の「臨命終の時、少病少悩、預め死の至らんことを知って」という言葉が禅僧の臨終における作法となっています。さしたる病いもなく、今生《こんじょう》の修行の完結として、肉体の終焉《しゅうえん》を七日前に弟子たちに告知し、遺偈《ゆいげ》を書いて示寂入滅《じじゃくにゅうめつ》するのです。

したがって禅の高僧には、たくさんの遺偈が残っていますが、私が所属する相国寺ゆかりの三国師の遺偈を紹介します。

・相国寺勧請開山　夢窓国師（一二七五～一三五一）七十七歳

観応二年三月、死期を悟って天龍寺住持を無極志玄《むきょくしげん》に譲り、九月二十八日遺誡《ゆいかい》をしたため、二十九日遺偈を書き、門弟らに三十日に入滅することを告げ、翌日坐を組んで遷《せん》化《げ》しました。

転身の一路　横該竪抹《おうがいじゅまつ》　畢竟《ひっきょう》如何ん　彭八剌札《ぼうはちらさつ》

（註）横該竪抹＝思うまま説法する。彭八剌札＝音曲のようにたわいもない。

・夢窓の師　仏国国師　高峰顕日（一二四一〜一三一六）七十六歳

正和四年正月、死期を悟って建長寺住持を退き、自坊の那須・雲巌寺に帰り、翌五年十月二十日、遺偈を書くと坐を組んで喝一喝して遷化しました。

坐脱　立亡《りゅうぼう》　平地の骨堆《こったい》　虚空に筋斗《きんと》を翻《ひるがえ》し　刹海《せっかい》に風雷を動ず

（註）坐脱＝坐禅したまま逝く。立亡＝立ったまま逝く。平地の骨堆＝さしたることもない。虚空に筋斗を翻す＝天に雲を流す。刹海に風雷を動ず＝大海に嵐を起こす。

・夢窓の弟子　相国寺創建開山　普明《ふみょう》国師　春屋妙葩《しゅんおくみょうは》（一三一一〜一三八七）七十八歳

嘉慶元年秋、死期を悟って宝幢《ほうどう》寺から鹿王院に帰り、翌二年八月十二日夕方、侍僧に入滅を告げ、十三日明け方、遺偈を書き坐を組んで遷化しました。

幻生七十有余年　先師未了の縁を了却す　一国の黄金　収め拾い去る　古帆高く挂《か》

く合同船

（註）先師未了の縁を了却＝師、夢窓に託された責務を終えた。一国の黄金＝夢窓から引き継いだ仏法。古帆高く挂く合同船＝大船に乗って彼岸に船出する。

このように禅の高僧は、門弟に死期を予告し、遺偈をしたため、坐を組んで亡くなられました。そこはまさに無有恐怖の「安住正念」の場であり、後進への教化でもありました。

しかし、現実の私たちはこうはいきません。もっと弱く人間臭く、生の不安と死への恐怖におののいてやみません。今日、医療の進歩によって寿命が延び、老衰または認知症などで臨終の風景は均一化されつつあります。とはいえ、人間の生と死は、昔も今も根本に変わりありません。無有恐怖にはほど遠いといえましょう。

在原業平の「つひに行く道とはかねて聞きしかど　昨日今日とは思はざりしを」の辞世に見る、死に臨んだ業平のあまりのうろたえぶりは、かえって万人の胸をうちます。

兼好法師の警告どおり「死は前よりも来たらず、かねて後ろに迫れり」なのです。生きることの不安は、命に限りがあり、また何の予告もなく突如終わる不条理を孕んでいることによります。「信心をしたら救われる」では、今の時代、安易に過ぎるでしょう。

芸術、文芸の分野で一家をなしたひとたちは、それなりに世界観をもち、ある意味で時代精神のリーダーと言えるでしょう。しかし彼らの人生とその臨終は、無有恐怖の安住の境地とはほど遠いものです。そこがかえって貴重な人間記録ともなるわけです。彼らの率直な人生への不安や死への恐怖は、高僧のように儀式化されていないぶん、私たちの現実問題でもあるわけです。

作家、井上靖は『氷壁』や『敦煌』など多数の作品を発表して、文化勲章を受章した大作家です。新潮社の本の帯に「孤高の生を凝視《みつ》める眼の底に流れる真の人間愛とロマネスクを描き続けた八十三年の軌跡」とあります。

井上靖は平成三（一九九一）年一月二九日逝去しましたが、臨終の様子を次女の黒田佳子さんが、同年『婦人公論』に寄稿しています。井上靖、最期の言葉です。

「大きな、大きな不安だよ、君。こんな大きな不安には誰も追いつけない。僕だって、医者だって、とても追いつくことはできないよ」。

この切実な死への不安は、偉大な文学者であるからこそ身に詰まされます。

一方、同じ文学者で歌人の斎藤茂吉は、終生その生の不安と悲しみを歌い切ったひとです。詩歌においては、不安という語は直接的で不向きで、かなし、あはれ、さびし、などに転化されるようです。

明治一五（一八八二）年、秋田の農家に生まれた茂吉は、一五歳で東京浅草の医師に養子に出され、東京帝国大学医学部を卒業、終生青山脳病院院長の職にありましたが、仕事のかたわらアララギ派歌人として『赤光《しゃっこう》』、『あらたま』など一七冊の歌集を発表し、また柿本人麿研究はじめ万葉集研究に従事し、近代歌人の最高峰として、死の前年の昭和二七（一九五二）年、文化勲章を受章しました。

しかし、この輝かしい経歴とうってかわって、彼の歌は苦渋に満ちたものです。そのあたりの事情を、茂吉と親交のあった岩波書店会長小林勇の文章で見てみましょう。

「茂吉の歌には、かなし、さびし、あはれ等の字句を使ったものが多いとかねてから私は思っていた」。

「茂吉は明治三十八年数え年二十四歳の時から昭和二十八年、満七十年と九カ月の生涯を閉じるまで作歌をつづけ、約一万六千首をつくった。それらは処女歌集『赤光』以下十七冊の歌集に収められている」。

「茂吉はこのたくさんの歌の中に、かなし、さびし、あはれ等の字句を歌いこんだものを実に一千三百首作っているのである」。

「歌人としての茂吉を一躍有名にした、『赤光』は大正二年に出版された。それに収められている歌数は、八百三十四首である。そしてその中に、かなし、さびし、あはれが用いられたものは、実に百三十六首を数えることができる」。

　代々木野《よよぎの》を　ひた走りたり　さびしさに　生《いき》の命《いのち》の　このさびしさに

「茂吉のさみしさは、そのころすでに深いものであったと思う。茂吉は佐千夫を師と仰ぎ、節《たかし》に兄事し、赤彦、千樫《ちかし》、憲吉、百穂《ひゃくすい》、文明等、優れた人々を友として作歌にはげんでおり、『赤光』によって認められ、有名になった。歌人として強い自信を持つようになった。しかし茂吉は再版に際して『赤光は過去時に於ける私の悲しい命の捨て処であった』と書いているのである」。

「茂吉夫婦の生まれ育った環境がちがい、性格も生活態度も異なりながら一緒に生活していたのは、一種の悲劇であり運命的なことであったと私は思う。しかしともかく茂吉はこのことで打撃をうけた」。

　秋たちて　うすくれないの　穂のいでし　薄《すすき》のかげに　悲しむわれは

　かたはらに　人のつれなき　吾《われ》ひとり　山べの道に　涙しながる

　このくにの　空を飛ぶとき　悲しめよ　南へむかう　雨夜《あまよ》かりがね

「二十六年、文化勲章を受けた頃から急に衰え、もの言わなくなった。そして昭和二十八年二月十五日、人麿をしのぐ大歌人といわれる茂吉は七十年九カ月で生涯をとじた」。

井上靖の死への恐怖も、斎藤茂吉の生への不安も、そこにはもはや悟りとか迷いとか以前の、人間の切実な心の姿が誤魔化しようもなく露呈しているといえましょう。

第八章　この上ない悟りへ

「三世諸仏　依般若波羅蜜多故　得阿耨多羅三藐三菩提　故知般若波羅蜜多　是大神呪　是大明呪　是無上呪　是無等等呪　能除一切苦　真実不虚　故説般若波羅蜜多呪
即説呪曰
掲諦　掲諦　波羅掲諦　波羅僧掲諦　菩提僧婆訶　般若心経」

（三世《さんぜ》の諸仏《しょぶつ》は、般若波羅蜜多《はんにゃはらみった》に依《よ》るが故に阿耨多羅三藐三菩提《あのくたらさんみゃくさんぼだい》を得た。故に知るべきである、般若波羅蜜多《はんにゃはらみった》は、これ大神呪《だいじんしゅ》であり、これ大明呪《だいみょうしゅ》であり、これ無上呪《むじょうしゅ》であり、これ無等等呪《むとうどうしゅ》であると。よく一切の苦《く》を除《のぞ》き、真実《しんじつ》にして不虚《ふこ》である故に、般若波羅蜜多《はんにゃはらみった》呪《しゅ》を説《と》こう。即ち呪《しゅ》を説《と》いて曰《いわ》く、
掲諦《ぎゃてい》、掲諦《ぎゃてい》、波羅掲諦《はらぎゃてい》、波羅僧掲諦《はらそうぎゃてい》、菩提僧婆訶《ぼじそわか》。般若心経《はんにゃしんぎょう》）

一　「三世諸仏」――すべての仏は、すべてが仏

「三世諸仏」の三世は、過去・現在・未来のことで、古いインド思想、輪廻の考え方に関わっています。輪廻説は今日でもアジア全域で普通に民間信仰として生きています。現世で徳を積むことによって来世で救われるという、一種の道徳律として生きています。

釈尊が説法した時代も、ひろく輪廻が信じられていましたから、輪廻をむげには否定しなかったようです。とくに過去・現在・未来において、過去七仏や釈尊の成道を前世で予言した燃燈仏。未来においては釈尊自身が弥勒仏の到来を予言しています。

こうした三世諸仏（各世で千仏、計三千仏）はむろん方便であって直接に輪廻とは関わりありませんが、当時、輪廻信仰を持つ庶民には受け入れやすかったのでしょう。

しかし釈尊は諸法無我の無我説でありますから、輪廻する主体がもともとないということで、輪廻があろうがなかろうが、そのシステムには無縁であるわけです。釈尊は輪廻からの解脱を説いたといいますが、「輪廻からの」といえば輪廻の存在を前提にしていることになってしまいます。そもそも釈尊は「後有（死後の存在＝来世）を受けず」といっていますから、やはり方便として説いたにすぎないでしょう。

輪廻説は因果応報、自業自得などの業《カルマ》（行為）説と結びつき、そのままカースト身分制に結び付きました。よって輪廻に関わらないと説く釈尊は、カーストを否定したかたちとなり、そのためにインドでは仏教衰退の原因になったといわれています。

三世が時間軸とするなら、空間としては十方があります。東西南北の四方と南東、北東、南西、北西の四方、それに上下を加えて十方で、あらゆる方角という意味です。

よって三世十方《さんぜじっぽう》の諸仏という表現をもって、あらゆる仏たちとなります。この世界のあらゆる仏たちとは、この世界が仏でいっぱいになることですから、すべての仏は「すべてが仏」となります。それは仏性であり霊性であり、般若智の活発なハタラキの場です。

そして仏性、霊性、般若智とは、ほかならない私たちの本来清浄心です。私たちが心無心であることが、世界の法身と同等であり、三世十方の諸仏と同等であるということです。

初期中国禅界の巨匠、馬祖道一がまだ南嶽慧譲《なんがくえじょう》禅師の般若寺で修行していた頃の話です。

道一は他の修行者と違って、それこそ寝食を忘れて坐禅に打ち込んでいました。

ある日、いつものように庵の前で坐禅していると、師の南嶽が通りかかりました。

南嶽、「おまえさん、そんな坐禅ばかりしてどうしようというのだ」。

道一、「仏になろうとしているのです（作仏《さぶつ》を図《はか》る）」。

すると、南嶽は庭に落ちていた瓦カケを拾って、せっせと磨き始めました。
道一、「瓦を磨いて、どうしようというのですか」。
南嶽、「磨いて鏡にするのだ」。
道一、「瓦をいくら磨いても鏡になりっこありませんよ」。
南嶽、「瓦を磨いても鏡にならんのなら、坐禅して仏になりえようか」。
道一、「では、どうすればよいのですか」。
南嶽、「牛が荷車を引くようなものだ。車が止まったら、車を打つか、牛を打つか」。

いくら車（坐禅）を打っても牛（心）は動きません。仏になろうという目的意識を持った坐禅は死に禅であって、仏という概念にとらわれて、心のハタラキが停止しています。つまり瓦（自我）をいくら磨いても鏡（無我）にはならないのです。さらに南嶽は言葉を続けます。

南嶽、「おまえさんは、坐禅を学ぶのか、坐仏を学ぶのか。坐禅を学ぶというなら、おまえさんは坐禅の相を真似ているに過ぎない。坐仏を学ぶというのなら、仏は無相で決まった型などないのだ。仏法は何事にも捉われない。あれこれ取捨選択などしないのだ。だから坐仏を選んだら仏を殺すことになる。あくまで坐相にこだわるなら、仏法とはほど遠い」。

（『葛藤集』「南嶽磨塼」）

仏に成ろうとして坐禅するのは単なる心理禅です。仏を自心の外に置いて、何か全能の人格をイメージする心理禅です。仏が坐禅の努力目標であってはなりません。三世十方一切の諸仏は、この自心にすべて収まっているのです。

二　「阿耨多羅《あのくたら》三藐《さんみゃく》三菩提《さんぼだい》」――総決算、「無上等正覚」

「三世の諸仏は、般若波羅蜜多に依るが故に、阿耨多羅三藐三菩提を得た」。

この一行が、般若心経の最終結論であり総決算です。

般若心経は経題の「摩訶般若波羅蜜多心経」から始まり、「行深般若波羅蜜多時」、「依般若波羅蜜多故」が二度、「故知般若波羅蜜多」、「故説般若波羅蜜多」そして最後に「般若波羅蜜多心経」で締めるまで「般若波羅蜜」が七度も出てきます。

このくどさによって、私たちは般若心経のテーマが般若波羅蜜多＝智慧の完成（彼岸への到達）であることを理解したわけです。

ところがどうしたわけか、今度は「般若波羅蜜多に依るが故に、阿耨多羅三藐三菩提を得た」と、さらなる境地が示されたのです。般若波羅蜜多が智慧の完成なのに、さらにその上に阿耨多羅三藐三菩提が登場すると、智慧はまだ完成していなかった？　となりますね。

阿耨多羅（アヌッタラー）は「この上も無く」、三藐（サムヤク）は「正しい」、三菩提（サンボーディ）は「覚《さと》り」です。したがって般若心経では音写のままですが、あえて漢訳すると「無上等正覚《むじょうとうしょうがく》」となります。つまりこれは呪文ではなく、正当な意味をもった言葉ということになります。

ではなぜ意味があるのにここでは音写にとどめたのでしょう。おそらく無上等正覚という訳語では表現しきれない極めてナイーブな内容だからだと思います。では、智慧の完成よりさらに高い境地とは、どんな境地なのでしょう。

まず言えることは無上等正覚が、智慧の完成に到ったひと、彼岸に到ったひとにして初めて開かれる境地だということです。無上とは、これ以上ないことですから、比較を絶するということです。これは非常に大事なことです。迷いから悟りに到る、此岸から彼岸に到るというのでは、まだ比較の世界なのです。

自我に苦しむひとは、その自我を棄てるべく命がけで修行し、真の自己（本来の面目）に邂逅します。自己を空じたという大自覚に到達します。ほかならぬ彼岸に到達したわけです。カラッと自我が剥がれ落ちて世界は晴れあがり、大自在を得て、ものすごい歓喜が訪れます。それが「仏のおんいのち」に触れた瞬間だからです。

しかしこれは後付《あとづ》けの説明にすぎません。自己を忘却して、大自覚に到り、世界が在りありとハッキリ見透せる……といった順次進行では起こらないのです。

それでは分別、比較世界を出ていません。自己忘却と大自覚と世界照見が同時に起こるのです。迷いの此岸から悟りの彼岸へ到達するのではありません。迷・悟や此岸・彼岸の二見が瞬時に消滅するのです。生きながら、そのままに確信するのです。これを頓悟《とんご》といいます。

ですから「智慧の完成」での根底に無上等正覚があるのです。それは完成とか未完とかいう二見ではありません。その比較を絶する確信こそが無上等正覚であり、般若心経の総決算なのです。

先に述べたように、涅槃の境地すら忘じることで、この現実世界の只中において無上等正覚の確信が生きてくるのです。それが根源的無分別智といわれるものです。それこそが人間の本来の叡智であり、尊厳なのです。

六祖慧能の法嗣、永嘉《ようか》大師の『証道歌《しょうどうか》』の素晴らしい出だしです。

君見ずや、絶学無為《ぜつがくむい》の閑道人《かんどうにん》。
妄想を除かず、真を求めず。
無明《むみょう》の実性《じっしょう》は即ち仏性。
幻化《げんけ》の空身は即ち法身なり。
覚《さと》れば即ち了《りょう》ず、一物も無しと。
本源《ほんげん》自性《じしょう》は天真仏なり。

「絶学」は戒・定・慧の仏道三学を学びつくして、三学を忘却した境涯です。無上等正覚の境地です。よって悟り臭さのカケラもない素凡夫です。日々あるがままの無為自然のありさまです。それは迷悟、此彼を超えたがゆえに、「おお閑《ひま》」があいてしまったのです。そんなひとは妄想が起きても知らん顔ですし、真実に生きているので、わざわざ真実を求めません。
無明の実性はそのまま仏性です。煩悩の湧き起こる暗愚の要因が無明で、それこそがかえって仏のハタラキだというのです。なぜならそこには、迷悟、暗明の分別ハカライはないからです。

「幻化の空身は即ち法身」とは、私たちの身も森羅万象も、実体のないマボロシ（幻化）だから、法身の空相、空性と変わりありません。

「覚れば了ず、一物も無し」。永嘉大師は六祖慧能の弟子ですから、慧能の「本来無一物」を持ち出してきました。孝行息子の面目躍如です。

「本源自性は天真仏」で結論づけられました。無上等正覚は、本源中の本源ですから、なんとも言いようがない。天然自然の当体、天真仏としか言いようがありません。

三　「是大神呪」――あとは野となれ山となれ！　手放しの讃嘆

「故に知るべし、般若波羅蜜多はこれ大神呪であり、これ大明呪であり、これ無上呪であり、これ無等等呪である」と「呪」をたたみかけます。

これはまさに般若波羅蜜多の根源たる阿耨多羅三藐三菩提（無上等正覚）は言語を超えたという宣言です。それは「呪《しゅ》」という真言、霊性語でしか表せないという宣言であり、阿耨多羅三藐三菩提への手放しの讃嘆です。

これまでさんざん般若の思想を説き、空観を押し通してきた般若心経が、突然すべてを投げ出して「あとは野となれ山となれ」ではありませんが、難しい空観から解放された歓びを表そうとしているかのようです。

般若心経は経典であって解釈論ではありませんから、究極のところは真言に極まることになります。ある意味の思考停止ですが、宗教の本質はこの一時的な思考停止をどうしても必要とします。分別知から無分別智へとジャンプするためです。そして「呪」というやや密教的雰囲気も宗教特有のものといえましょう。

「般若波羅蜜多は是れ大神呪である」とは、般若心経を唱えることそのままが、「呪（マントラ）」だということです。

では「呪」とはなんでしょう。古代インドにおいて、バラモン教、ヴェーダ聖典の儀式用の歌唱がルーツのようです。しかしどの民族宗教でも必ず神との交流として呪文は用いられました。

「大神呪」はマハーマントラで、「神」の字は漢訳者の挿入で原文にはないそうです。ただ、大いなる神妙なる真言という意味です。

「大明呪」は大いなる悟りの真言、十方を遍く照らし、無明の闇を払います。

「無上呪」はこの上ない優れた真言、「無等等呪」は比較を絶した唯一の真言です。

ところで般若心経を唱えることが真言だといいましたが、厳密にはむろん全文がマントラなのではありません。先に述べたように、般若波羅蜜多や阿耨多羅三藐三菩提は漢訳せずにあえて音写にとどめたキイワードですから、そのままがマントラだというわけではありません。

実はマントラらしいマントラはこの般若心経の最後に出てきて、まさに有終の美を飾る「羯諦《ぎゃてい》、羯諦……」の部分となります。

しかし「般若波羅蜜多はこれ大神呪、大明呪、無上呪、無等等呪」と徹底的に真言化するのは、まさにこの経典のテーマ全体が、ある意味マントラであって、分析や論究を拒否しているからだと思います。

四　「能除一切苦　真実不虚」――蛇足の句

「能く一切の苦を除く」の語を、蛇足とするのは言い過ぎですが、仏法の基本が根本苦からの解脱とすれば、ここに到ってなお「除苦」が出て来るのはうなずけましょう。

しかし、せっかくマントラまできて、読誦上はすんなり「羯諦、羯諦……」へと突っ込んだほうが自然な気もします。実際、ここまで来ると読経のテンポは最速になっています。そんななか「能除一切苦」だの「真実不虚」だの念を押されても、聴く耳持たぬといった感じもします。

よってここでは、さんざん今まで話したことをまとめなさいということでしょうか。私たちは自分というかけがえのない、たった一度切りの生存を信じ愛しています。しかしその自分を形成する肉体と精神（身心）は、五蘊、十二処、十八界といった世界に束縛されています。いや、言葉を替えましょう。束縛されているなど思いもしません。よって自分というものは、外界と接し、感受し、憶念し、記憶することで形成され、成長していきます。人間が社会生活を営む、ごく当たり前の図式です。

しかし他方では、人間は社会の中に取り込まれていきます。そこに軋轢が生じ、社会との整合性が崩れ、結果としてほんとうの自分とは何か、という根本的な問いに答えられなくなります。

「私は社会とうまくいっているし、そんな余計な迷いはない」というひとは、親鸞のいう善人です。無自覚者です。無明の中でぼんやりと一生を送るひとです。

般若心経の出だしに「照見五蘊皆空　度一切苦厄」とあったのを思い出してください。それは「能除一切苦　真実不虚」とまったく同じことです。

我も我が身も我を取り巻く世界も、みな空だと徹見したなら、「苦」に縛られず「楽」に偏《かたよ》りもしない。そこにはどんな条件下でもまったくブレない、正統な、まっとうな人生があります。他人や世界と同化し融和しても、ちゃんと自己の尊厳があります。それを「真実不虚」というのです。

私たちは、ごく普通に顛倒夢想というイリュージョンの世界で暮らしています。それが普通である限り何の問題もありません。むしろ顛倒夢想世界でなければ生きられません。ただ私たちは、それが顛倒夢想であって、真実不虚ではないという「自覚」はちゃんと持っていなければならないのです。

顛倒夢想はどこまでも結局、顛倒夢想であって、人世の真の姿ではないからです。般若心経は、ですから最後に真言というマントラに行き着きます。真言こそ、真実不虚の言葉だからです。「意味という病《やまい》」から解放された言葉だからです。

「ガテー　ガテー　パーラガテー　パーラサンガテー　ボーディ　スヴァーハー」
「羯諦《ぎゃてい》　羯諦《ぎゃてい》　波羅《はら》羯諦《ぎゃてい》　波羅《はら》僧《そう》羯諦《ぎゃてい》　菩提薩婆訶《ぼじそわか》」

この真言にはむろん意味があります。しかし般若心経の訳者は、もう意味解釈はやめましょうとばかりに、マントラとしてそのままにしておいたのです。

五　「羯諦《ぎゃてい》　羯諦《ぎゃてい》」──最後は呪文

「ガテー　ガテー　パーラガテー　パーラサンガテー　ボーディ　スヴァーハー」。この真言の訳は、おおかたの解説本が中村本を採用しています。

「往《ゆ》ける者よ、往ける者よ、彼岸に往ける者よ、彼岸に全く往ける者よ、さとりよ、幸《さち》あれ」。

また文法上の解釈の相違から次のような訳も紹介しています。

「往けるときに、往けるときに、彼岸へ往けるときに、彼岸へ完全に往けるときに、さとりあり、スヴァーハー（呪の最後に付ける秘語）」。

ほかにも、渡辺照宏本は、

「到れり、到れり。彼岸に到れり。彼岸に到着せり。悟りにめでたし」。

高神覚昇本は、

「自分の悟りの彼岸へ行った。人もまた悟りの彼岸へ行かしめた。普く一切の人々をみな行かしめ終わった。かくてわが覚りの道は成就された」。

いずれにせよ、中村本の次の註記が的確な指摘と思います。

「この真言は文法的には正規のサンスクリットではない。俗語的な用法であって種々に訳し得るが、決定的な訳出は困難である。この真言は本文の内容を総括的に神秘的に表出するものであるから、古来、不翻（翻訳しない）とされている」。

まさに読誦する経典としては、マントラは翻訳不要と思います。空海も次のように頌しています。

真言は不可思議なり。観誦すれば無明を除く。一字に千理を含み、即身に法如を証す。

（真言とは思議の及ばぬものだ。唱えれば無明の闇を除き、一字のうちに千もの法理を含み、この凡夫の身のままで如来の悟りを得られるのだ。）

一般に大乗経典は長大なもので、宗門の教義や大学の仏教研究の対象になっています。ましてや、般若部経典は難解で、その空観は理解を越えます。

しかしながら幸いなことに、私たちには般若心経がいつでもどこでも読める、読誦できる機会が与えられています。千五百年以上も前から、その機会は東アジアに広く与えられていました。二一世紀の今日、般若心経を手にするとき、いまさらながら人類の叡智に触れる感動で胸がいっぱいになります。

臨済僧である私は、般若心経の持つインド的空観が中国禅の無に展開された歴史的重みを感じずにはおれません。般若心経は禅思想の原点であり宝庫です。それゆえに「般若心経に禅機をさぐる」のが、本書の目的とするところです。

日頃は仏教と無縁なひとでも、自己とは何かという自問を常に胸に保持してやまないなら、般若心経は宝庫なのです。この短い矛盾に満ちた人生において、般若心経という広大な真理世界に触れることの、いかに奇跡であるかを確信し噛みしめていただきたいと願ってやみません。

六　般若心経のエピローグ

大本によって般若心経のエピローグを見てみましょう。

そのとき、世尊は、瞑想より起きて、求道者、聖アヴァローキテーシュヴァラ（観自在菩薩）に賛意を表された。

「その通りだ、その通りだ、立派な若者よ、まさにその通りだ、立派な若者よ。深い知恵の完成を実践するときには（行深般若波羅蜜多時）、そのように行わなければならないのだ。あなたによって説かれたその通りに目覚めた人々、尊敬さるべき人々は喜び受け入れるであろう」と。

世尊はよろこびに満ちた心でこのように言われた。求道者、アヴァローキテーシュヴァラ、一切の会衆、および神々や人間やアスラ（阿修羅）やガンダルヴァ（乾闥婆《けんだつば》）たちを含む世界のものたちは、世尊の言葉に歓喜したのであった。

ここに、智慧の完成の心（心髄）という経典を終わる。

このように、般若心経では、観自在菩薩が舎利子に般若の法を説いているあいだじゅう、釈尊はずっと禅定に入り瞑想中だったことが分かります。プロローグとエピローグを改めて表示します。

プロローグ「そのときに世尊は、深遠なさとりと名づけられる瞑想に入られた」。

エピローグ「そのとき、世尊は、瞑想より起きて……」。

そうすると、なぜ観自在菩薩は、わざわざ釈尊の瞑想中に、舎利子への説法をしたのでしょうか。

普通に考えると、釈尊も瞑想などに入らないで、傍らで聴衆たちと聴いていてほしいものです。ところが釈尊は瞑想より起きて「その通りだ、その通りだ」と説法に賛意を表されていますから、瞑想中でもちゃんと説法を聴いていたことになります。

瞑想というのは、心を統一して外界を断ち切るもののはずですが、これはどうしたことでしょう。

私見を述べれば、釈尊の瞑想と観自在菩薩の行深般若波羅蜜多時は、まったく同じことだということです。つまり釈尊の瞑想という悟りの深い境地の中で、観自在菩薩という架空の法身が、深般若波羅蜜多を行じるというかたちで説法しているのです。

観自在菩薩は、ですから菩薩身でありつつ、釈尊の如来性によってその説法が証明されているのです。釈尊が、ただ傍らで聴衆として傍聴しているだけではだめなのです。般若心経はあくまで釈尊の境地の中で説かれたものでなければなりません。それによって、観自在菩薩という法身は架空のものではなく、釈尊の菩薩性の証左にもなっているのです。

おわりに

旧約聖書、創世記に、「はじめに神は天と地とを創造された」とあります。つまり神、ゴッドは天地（宇宙）ができる以前から存在していたわけです。ゴッドと宇宙は別物で、ゴッドはこの宇宙の外にいることになります。

一方、大乗仏教の仏、たとえば毘盧遮那仏《びるしゃなぶつ》（大日如来）は宇宙と別物ではなく、宇宙そのもの、法身《ほっしん》仏です。ここが仏教とキリスト教との大きな違いです。そしてその違いは、人間を考えるうえで決定的な問題となります。

私たちは宇宙の一部です。あるいは私たちの肉体は宇宙と同じ元素とメカニズムでできています。したがって、仏が宇宙そのものなら、私たちは仏そのものなのです。ゴッドのように人間と別物の絶対者ではなく、仏と私たちは「法」という原理によって一体です。その原理を仏性といいます。

禅宗には根本教理はありませんが、仏性の自覚、法身の体験的目覚めを厳しく問いただす宗旨を持ちます。その典型が禅問答です。

禅問答には法身・機関・言詮《ごんせん》・難透・向上と一応の体系があります。そして参禅初心者がまず鍛えられるのが「法身」の公案なのです。

先ほども言いましたが、「般若心経に禅機をさぐる」とは、まさに般若心経をわが身のこととして実感してもらうためです。そのため禅問答を適時挿入して、活きた仏法を感じてもらいたいと考えました。

また逆に、禅の実践的なあるいは言語矛盾的な面ばかりに偏《かたよ》り過ぎると、大乗仏教としての大きな背景が見えなくなります。それを避けるために般若心経という空観をしっかり捉えておきたいと考えました。

二一世紀に生きる私たちは、残念ながら太古の昔から今日に至るまでなお、物質に束縛されています。物質というものは、まことに逃れ難い執拗な誘惑です。物質は人間生活を豊かにし幸福をもたらします。そのことに私はなんの異論もありません。

しかしなんとしても「色即是空、空即是色」という卓越した視点を獲得してほしいのです。そのためには、各人が与えられた限定された、日々の生活と労働のなかで、その真価を見抜く視野を持つほかないのです。

般若心経の理解はそのほんの一助にすぎないかもしれません。しかしその一助は、自己の全身全霊を覚醒させる、徹底ピュアな人類の精神遺産であることを、ぜひみなさんに確認していただきたいと願うばかりです。

そのためにも最後に皆さんと一緒に真言を唱えましょう。

ガテー　ガテー　パーラガテー　パーラサンガテー　ボーディ　スヴァーハー
羯諦《ぎゃてい》　羯諦《ぎゃてい》　波羅羯諦《はらぎゃてい》　波羅僧羯諦《はらそうぎゃてい》　菩提薩婆訶《ぼじそわか》

ここに「智慧の完成の心髄経」の禅話を終わります。

平塚景堂

二〇二一年初秋

著者略歴◎平塚景堂（ひらつか　けいどう）

1949（昭和24）年、東京生まれ。東京藝術大学美術学部卒。

長野県飯山市正受庵酒井盤山老師につき得度、大徳寺専門道場掛搭。

相国寺塔頭養源院住職就任。相国寺梶谷宗忍老師につき室内の調べ終了。

本山居士禅会「維摩会」参禅・法話担当。

本山部長、銀閣寺執事長、承天閣美術館館長歴任。

著書　『内なる風景へ――禅の現在型をさぐる』、詩集『夜想の旅人』、短編集『草の路』他多数（電子版あり）。

日本画個展　ミラノ、京都「マロニエ」画廊、東京椿山荘、京都高島屋美術画廊。

作曲作品　『テレグラム』（武井賞受賞）、『ＢＵＳＯＮ』（パリ、ルデュック社楽譜出版）、『散華』（ウィーンピアノ四重奏団初演）、オーケストラ曲『アパリシオン』他。

禅的般若心経——心経に禅機をさぐる

二〇二一年一一月二〇日　第一刷発行

著　者　平塚景堂

発行者　神田　明

発行所　株式会社　春秋社

東京都千代田区外神田二―一八―六（〒一〇一―〇〇二一）

電話〇三―三二五五―九六一一

振替〇〇一八〇―六―二四八六一

https://www.shunjusha.co.jp/

印刷所　萩原印刷株式会社

装　画　平塚景堂

装　幀　本田　進

定価はカバー等に表示してあります

ISBN 978-4-393-13453-5